幼児教育・保育制度改革の展望

教育制度研究の立場から

日本教育制度学会・幼児教育領域
秋川陽一／藤井穂高／坂田仰［編］

教育開発研究所

はしがき

　昨今，幼保一体化（認定こども園制度の成立・拡充），幼小連携，幼児教育・保育の無償化，保育所保育指針・幼稚園教育要領の改定（訂），「保育の質」向上施策，子ども・子育て支援新制度の実施等々，幼児教育・保育や子ども・子育て支援をめぐる制度改革が急速に進められている。それらの制度改革は多岐にわたるだけでなく，認可された幼児教育・保育の施設として幼稚園・保育所・認定こども園の３つがあり，それぞれの所管が異なることや，待機児童対策として，それらの「施設型保育」の不足を補うために「地域型保育事業」（小規模保育・家庭的保育・事業所内保育・居宅訪問型保育の各事業）や「企業主導型保育事業」も加わり，いっそう複雑化してきている。

　そのような幼児教育・保育制度改革，子ども・子育て支援制度をいくつかのテーマに絞って，その制度改革の目的や現状を把握し，その制度改革が子どもたちの育ち，そしてわが国の未来にとってどのような意義をもつのかを考察し，今後の課題を見据えたい（今後の展望をもちたい）―本書は，そのような私たち執筆者の思いから刊行の運びとなった。

　本書の執筆者の選定や発刊の経緯について簡単に説明しておきたい。私たちは，皆，日本教育制度学会会員として，当学会の課題研究「幼児教育」領域の「課題別セッション」において，これまでに研究報告を行った経験をもつ者である。この「課題別セッション」は，日本教育制度学会が創設当時からもつユニークなシステムである。本学会では，現在，「幼児教育」の他，「制度原理」「義務教育」「高等教育」等々，全部で９つの課題研究領域が常設され，各課題研究領域に担当理事が置かれている。そして，毎年度の学会大

会において，担当理事が中心になり「課題別セッション」を企画し，開催する。課題研究領域は，その時々の教育制度改革の諸課題や研究動向に即して理事会で検討され，適宜，修正・変更されるが，「幼児教育」領域（新設当時は「初期教育」領域）は，学会創設（1993年11月）から9年が経過した2002年に新設され，以来，2003年の学会大会からほぼ毎年，一定のテーマの下，数名の報告者からの発表を受けてディスカッションを行う形で「課題別セッション」を行い，現在まで継続してきている（そのセッションの内容は，『教育制度学研究』第11号（2004年11月刊行）以降に掲載されているので参照願いたい）。本書は，17年間の幼児教育領域「課題別セッション」の中から，現在も重要な課題だと考えられる15のテーマを選び，課題研究担当理事であった編者3名が過去の報告者の中から各テーマの執筆に最適任だと思われる方を選定し，執筆を依頼した。

　以上のような発刊の経緯からもわかるように，日本教育制度学会の幼児教育領域「課題別セッション」の成果を，平成が終わる時を一つの区切りとしてまとめるという意図もあるが，現在，「課題別セッション」を開催した当時とは幼児教育・保育の状況も制度改革の動向も大きく変化しており，単に過去の研究成果を振り返るのではなく，最近の状況も踏まえて執筆していただくことにし，原則，各章の執筆内容については依頼した執筆者にお任せした。

　なお，お断りしなくてはならないのは，過去の「課題別セッション」では，諸外国の幼児教育・保育制度の改革についても何度か取り上げてきたが，本書では，いくつかの章で日本との比較の観点から述べられるものの，個別の章としては取り上げていない。すでに数多くの諸外国の幼児教育・保育を紹介する文献や比較研究の報告書等が出版されており，本書で，再度，取り上げる意義はあまりないと考えたからである。

　また，本書の出版の計画準備は，新型コロナウイルス感染症の拡

大以前であり，今，盛んに議論される「新しい日常」における教育・保育の新たな課題については，十分に論じられていない。すでに，小・中学校では，学校のデジタル化を目指す「GIGA スクール構想」が急速に進められてきており，幼児教育・保育についても，例えば，文部科学省の「幼児教育の実践の質向上に関する検討会」が，今年（2020 年）5 月に「幼児教育の質の向上について（中間報告）」をまとめ，「新型コロナウイルス感染症拡大の状況における幼稚園等の具体的な取組」が提言されている。まだまだコロナ禍の先行きが見えない状況だが，コロナ時代の幼児教育・保育制度改革を展望することは，今後の重要な課題である。

　幼児教育・保育制度改革の課題は山積しており，本書ではその一部のテーマを扱ったに過ぎないが，冒頭述べたように，幼児教育・保育に関心を持つ読者が，その制度改革の目的や現状を的確に把握し，その制度改革が子どもたちの育ち，そしてわが国の未来にとってどのような意義をもつのかを考える一助になることを願っている。

　最後に，本書の刊行にあたっては，教育開発研究所社長の福山孝弘氏，編集部の尾方篤氏に大変お世話になった。心よりお礼申し上げたい。

2020 年 12 月

編者

幼児教育・保育制度改革の展望 【目次】
——教育制度研究の立場から

教育制度論の視点から幼児教育・保育制度を見る

秋川 陽一 <small>（関西福祉大学）</small>

はじめに

　本章では，「教育制度論の視点から，幼児教育・保育制度をどのように見ればよいのか」について検討する。このように課題を設定すると，すぐに「教育制度論の視点とは何か？」という問いが出てくるであろう。また，教育制度論では，そもそも「教育制度」をどのように捉えるのか（定義するのか）という疑問も生じる。さらに，教育制度の一部が「幼児教育・保育制度」としても，それが何を指すのかも曖昧である。

　しかしながら，これらの問いに対する「答え」に一致したものはないと言ってよい。むしろ，「教育とは何か？」を教育制度の側面から考察しつつ，「教育制度とは何か？」も問い続けるという「二重の問い」の追究が教育制度論の研究課題だからである。

　とはいえ，教育制度を対象として研究するためには，何らかの教育制度の概念規定が必要である。そこで，本章ではまず，筆者は「教育制度」をどのように見るのかを，長年，教育制度研究に取り組み，教育制度とは何かを体系的に示した，前日本教育制度学会長・桑原敏明の教育制度の定義を踏まえて述べる。次に，その定義を踏まえて，「幼児教育・保育制度とは何か」についてまとめるとともに，本書の各章で扱われるテーマが，教育制度論の中でどのように位置づけられるのかについても言及する。しかしながら，本書

が扱うテーマは，教育制度論の視点からみると，幼児教育・保育制度に関わる諸問題の中のほんの一部である。そこで，最後に，本書では扱われなかった幼児教育・保育制度（改革）研究にも触れつつ，残された重要課題について私見を述べる。

第1節　教育制度論の視点

1　教育制度論の「教育制度」の捉え方

　教育制度論では「教育制度」をどのように規定するのか。言うまでもなく，教育制度の捉え方は，その研究者の制度の見方・捉え方によって異なるが（市川 1994：荒井 2011），ここでは，「教育制度」の定義としてしばしば引用される，桑原敏明の教育制度の定義をベースに考えたい。この定義の特徴は後で整理するが，教育制度に対する多様な見方を踏まえながら，教育制度を広い視野をもって，構造的かつ客観的に捉えようとしたものであると言えよう。

　桑原は，「教育制度とは，①教育の目的を実現するための，②社会的に公認された，③組織（＝人と物との体系的配置）をいう」（桑原 1973：桑原 2011）と定義している。そして，この定義に付した①〜③について，それぞれ2つの視点から異なる教育制度を分類し，説明している。

　まず，①の「教育の目的を実現するため」については，1)教育活動を行うことによって直接的に教育目的を達成する「直接的教育制度」（学校教育制度・社会教育制度など）と，2)教育活動の条件を整備することによって間接的に教育目的の達成に貢献する「間接的教育制度」（教育行政・財政制度など）に分類される。

　次に，②の「社会的公認」については，1)それが法制的ルートを通じて行われ，法的根拠をもって成立する「法制的教育制度」（義務教育制度など）と，2)社会生活の必要から自然発生的に成立し，法令に明文化されずとも社会慣行として定着した「社会慣行的

教育制度」（徒弟制度・塾など）に分類される。

　さらに，③の「組織＝人と物との体系的配置」については，1)各種の教育機関や組織（例えば，幼稚園，小学校等）と，2)これらの教育機関や組織が相互に結びつく一つの体系（6-3-3-4制，幼小連携制度など）と分けることができ，前者を「教育組織（educational organization）」，後者を「教育体系（educational system）」と呼ぶ。

　この桑原の教育制度の定義の特長は，第1に，教育制度は，①の「教育の目的」達成のための組織（人と物との体系的配置）であり，直接・間接の方法によって教育制度を分類している点である。つまり，「教育目的」そのものは教育制度論の検討対象から外し，「教育制度はいかなる教育目的が措定されたとしても，その目的達成のために作動する組織（人と物の体系的配置）」であるとして，事象としての教育制度を客観的に捉えようとする見方を提示していると言える。

　第2に，②の「社会的公認」については，法制による公認だけでなく，社会慣行としての公認を含んでいることである。現在，社会生活の様々な領域で自然発生的に生じ，一つの文化となった社会慣行も，国家の一定の意図により法制化が進んできており，我々の意識も「制度＝法制」と同一視するようになっているが，社会慣行として公認された組織（人と物の体系的配置）も射程に入っているといえる。

　第3に，教育制度を「教育組織」と「教育体系」という2つに分類している点である（両者を対象とする理論研究を，それぞれ「教育組織論」「教育体系論」という）。この2つは教育制度研究の対象区分を示すが，教育制度を「組織」としてみる見方と，「体系」としてみる見方の区分を示したものであるとも言えよう。この教育制度を2分する見方については，次の2で述べたい。

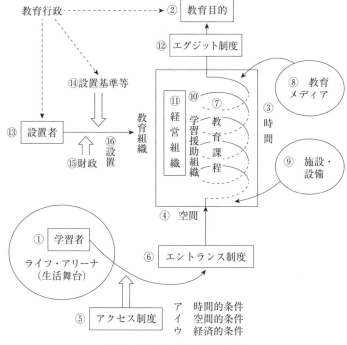

図1　教育組織の構成要素

2 「教育組織」と「教育体系」

(1) 「教育組織」

　桑原は,「教育組織」を以下の16の構成要素からなるものと捉えている。すなわち,①学習者,②教育目的,③時間,④空間,⑤アクセス制度,⑥エントランス制度,⑦教育課程,⑧教育メディア,⑨施設・設備,⑩学習援助組織,⑪経営組織,⑫エグジット制度,⑬設置者,⑭設置基準等,⑮財政,⑯設置である。これらの16の要素を概念図として示したものが上図1である。

　図1の概念図を理解するためには,例えば,3歳児Aちゃん（以下,A）が,教育組織であるX幼稚園（以下,X園）に入園し,教育を受けて卒園するまでを,次のような1つの「物語」としてイ

メージするとよい。

　あるライフ・アリーナ（生活舞台）で生きているＡ（①学習者）が，Ｘ園に入園しようとする（実際には，Ａの保護者が入園させようとする）場合，Ｘ園の②教育目的に賛同した上で，「時間的条件（入学年齢など）・空間的条件（居住地など）・経済的条件（授業料など）」によって規定された⑤アクセス制度に合致することが必要となる。しかし，⑤アクセス制度に合致し，Ｘ園に入園できることがわかっても，Ｘ園に入園を許可される必要があり，許可を得るためには入園資格判定のための⑥エントランス制度（「１号保育認定」を受けることや，仮にＸ園が私立だと何らかの「選抜試験」があるかもしれない）をクリアしなければならない。

　これらをクリアして入園したＸ園には，教育を実施するための⑨施設・設備，④空間（園内および園外保育の場），⑤時間（就園年限・教育時間等）が準備・設定されており，Ａはお友達と一緒に教育を受けるクラス・集団などの⑩学習援助組織に組み込まれ，そのような学習環境の中で，Ｘ園の⑦教育課程に基づいて，⑧教育メディア（媒介するものとしての教師や教材）を通して学びを深めていく。もちろん，Ｘ園には，その教育実践を円滑に実施するための⑪経営組織（教職員組織，評議員会など）が存在する。

　ところで，Ｘ園は何の制約もなく設置されたわけではない。教育行政によって公認された⑬設置者（市町村・私立学校法人等）が，⑭設置基準等に基づき，また，設置者が⑮財政負担を行うことによって，設置の条件・手続きなどを踏まえて⑯設置が認められたのである。

　Ａは，このようなＸ園での教育を受け，３年間の修業年限を経て所定の課程を修了すると，卒園の認定が行われ（⑫エグジット

制度をパスして）, 晴れて卒園となる。

　なお,「教育組織」の構成要素は上記16の要素に限定されるわけではない。桑原自身, 当初12の構成要素を提示していたが, 研究の過程で16の要素に細分している。その意味で, 桑原の「教育組織」を捉える視点は, それを構成する要素に分けて, その要素間の結びつきに着目することにあると言ってよい。

⑵　「教育体系」

　教育制度論のもう一つの対象である「教育体系」について, 桑原はまず,「生涯学習体系」, すなわち「すべての者が（all people）, 必要に応じて（according to the needs）, 生涯にわたって（lifelong）, いつでも（everywhen）, どこでも（everywhere）, 教育を受け, 自ら学び・育つことができる権利を保障することを目指す教育の全体系」を展望し, その全体系は次の3つの「結びつき」局面で構成されると捉えている（桑原2011）。

　①アーティキュレーション（articulation）

　アーティキュレーションとは, ライフ・ステージに応じた教育組織を順次活用していく学習者の統一的発達という観点からの下級教育段階と上級教育段階との結びつき（上下教育段階の接続）の局面を意味する。例えば, 幼稚園と小学校間のような上下教育段階間の就学年齢の区切りや就園・就学年限, 教育内容上の連続性（いわゆる幼小連携）などの問題を, 学習者の発達段階やライフ・ステージを踏まえて検討することが, アーティキュレーションに関わる検討課題である。

　②インテグレーション（integration）

　インテグレーションとは, 様々なライフ・スタイルをもつ個人が同一社会の構成員として共同生活をするという観点からの結びつき（同一教育段階における異種の教育組織の統合・交流）の局面を指

す。わが国では，通常，インテグレーションというと，普通学校と
特別支援学校（障がいの有無で分離された同一段階の学校教育組織
間）の統合・交流を意味するが，教育制度論では，障がいの有無だ
けでなく，男女（性別），人種別，宗教（あるいは宗派）別等で学
校組織が分離されている（学校系統が異なる）場合の統合・交流も
インテグレーションの問題とされる。幼稚園と保育所を同一段階
（とくに３歳以上の段階）にある異種の幼児教育・保育の組織と見
るならば，幼保一体化・一元化は，インテグレーションの問題と捉
えられる。

③コンビネーション（combination）

コンビネーションとは，生活課題達成の力を養うという観点から
の生活の中の教育と教育組織における教育とを結合する局面を指す。
例えば，幼児が幼稚園で経験する教育内容と家庭や地域で経験する
内容との結合や，幼稚園と保護者・地域の人々が幼稚園教育に連携
協力する仕組みや方法を検討することは，コンビネーションの課題
であると言える。

この３つの「結びつき」の局面[3]から「教育体系」を捉える見方は，
教育という営みが，すべての人（個人）が人間らしく生きていくた
めに不可欠なものであることを前提に，一人ひとりが，その日々の
生活，人生のそれぞれのライフ・ステージにおいて必要とされるこ
とを，その生涯にわたって，いつでもどこでも，教育を受け，学び，
育つことができること，それを人間の基本的権利（人権）として保
障することを念頭においていると言えよう。

以上述べてきたように，教育制度論の視点を端的にまとめると，
教育制度の対象を「教育組織」と「教育体系」に分類し，両者を構
成する要素を措定し，その要素間の多様な「結びつき」を通して，
その全体の体系的配置に着目することにあると言える。

第2節　教育制度論の視点から見た幼児教育・保育制度

1　「幼児教育・保育」の意味

　幼児教育・保育は，発達段階の初期の子どもを対象とする教育的営みであり，本書では，その制度を「教育組織」と「教育体系」に区分して捉える。その捉え方について述べる前に，「幼児教育・保育」の意味を簡潔に述べておきたい。幼児期の子どもを対象とする教育的営為・事象を指す用語については，「幼児教育」「幼児期の教育（教育基本法11条）」「幼児保育」「就学前教育」「早期教育」「幼年教育」等々，多様であり，各用語が特別な意味内容を含んでいるのみならず，同じ用語を用いても，それを使用する人によって，あるいは法令の中でさえも，そのニュアンスが異なる場合もある。[4]

　日本教育制度学会では，現在，9つの課題研究領域の1つとして「幼児教育」が置かれているが，本書ではあえて「幼児教育・保育（制度）」とした。これは「幼児教育」とすると，公的教育施設としての幼稚園教育のみをイメージし，保育所保育や家庭・地域社会での教育的機能などが含まれないと誤解されることを懸念したからに他ならない。教育制度論，とくに「体系」として制度を見る視点は，教育的営みの施設や場の全体を「結びつき」の視点から捉えるものである。その意味で，本書の「幼児教育・保育」は，「幼児期の子どもの全生活を基盤として，子どもの権利を総合的に保障する営みの総体である」と捉えておきたい。

　この捉え方について，若干の説明を加えておく。第1に，「幼児期の子ども」というのは，出生後から小学校就学までの子ども，つまり乳幼児を意味する。第2に「全生活を基盤とする」というのは，子どもの生活世界として，幼稚園・保育所等の公的な施設はもとより，家庭や地域社会も視野に入れ，子どもの生活全体を「幼児教育・保育」の場として見ることを意味する。第3に「子どもの権

利」は，子どもが人間らしく生き，学び，育つ等の権利，中でも重要な権利として「生存権（日本国憲法25条）」「学習権（同憲法26条）」「幸福追求権（同憲法13条）」の3つの権利を指すと捉えたい。第4に「総合的に保障」というのは，これらの「子どもの権利」を個々バラバラに保障するのではなく，一連の幼児教育・保育の実践において，同時にすべての権利を統合して保障するということである。例えば，幼稚園の一斉保育で，何かの音楽表現活動をする場合を考えると，それは，単に音楽の知識やスキルを高める（学習権を保障する）実践ではなく，安心・安全な環境に配慮し（生存権を保障し），その一連の活動の中で子どもが楽しさを感じ，自己充実感を味わうこと（幸福追求権の保障）が統合されているという意味である。

2 幼児教育・保育制度（改革）の見方

　以上のように「幼児教育・保育」を捉えた上で，その営みが，①何らかの教育の目的をもち，②社会的に公認された，③組織（人と物との体系的配置＝しくみ）となっているものが「幼児教育・保育制度」とよばれるが，その中心的な対象が，幼稚園・保育所・認定こども園（以下，幼保等）などの公的組織であり，それらが法制的に公認された法制的制度であることは言うまでもない。

　本書でも法制的制度である公的組織の構成要素に視点を置いた検討がなされるが，ここで一つ断っておきたいのは，いわゆる「子育て支援制度」も，「幼児教育・保育制度」に含めるということである。この理由の第1は，幼保等では，少子化対策としての「子育て支援」が重要な役割・機能として位置づけられているからである（児童福祉法18条の4「保育士の職務規定」，学校教育法24条「幼稚園における家庭及び地域における幼児期の教育の支援」努力義務規定等を参照）。

　第2に，「環境を通しての教育」という幼児教育・保育の原理を踏まえたからである。この原理は，幼児期に適した教育的環境を整備・構成し，その環境の中での子どもの自発的な体験（活動）を通して，資質・能力を総合的に高めるという方法原理であるが，子どもに関わるすべてのおとな（保育者・保護者・地域の人々等）は，直接的に教育を行う主体であると同時に，子どもにとっての人的環境でもある。よって，人的環境としてのおとな，とくに保護者をより適切な人的環境に形成する行為としての子育て支援活動は，子どもにとっての環境を構成する幼児教育・保育の実践でもあるといえるからである。

　一方，「体系」としてみる見方からは，「保幼小連携（アーティキュレーション）」「幼保一体化（インテグレーション）」「幼児教育・保育施設と家庭・地域との連携（コンビネーション）」が「幼児保育・教育体系論」の中心テーマとなる。

　本書の各章でもこれらの中心的対象・テーマを扱うが，その現状や実態を説明するだけではなく，その改革の動向に着目し，その根底にある原理・原則が何かを追究する。さらに，幼児教育・保育の定義で述べたように，「子どもの権利保障」の視点から批判的な考察を加え，今後の幼児教育・保育制度改革，あるいはその研究の在り方を展望したい。

第3節　幼児教育・保育制度改革の研究課題

　以上述べてきたことを踏まえ，幼児教育・保育制度改革研究の今後の課題（方向性）について，以下，3点に絞って簡潔に私見を述べておきたい。

1　幼児教育・保育改革における「政治の論理」の再検討
　近年，幼児教育・保育制度改革は，「質の向上」を合言葉に，幼

保等の組織改革も「幼保小連携」「幼保一体化・一元化」「幼保等義務化」などの体系改革も急激に進められてきている。筆者は，1990（平成2）年の「1.57ショック」以降の少子化対策に即し，「子ども・子育て新制度」の成立（2012【平成24】年）とその施行（2019【令和元】年の「幼児教育・保育の無償化」）までの改革動向を概観し，その特徴を描いたことがあるが（秋川2019），現在まで引き継がれる幼児教育・保育制度改革は，平成年間のその時々の政治に翻弄されながら進められた"改革の連鎖"の中にあった（今もある）と思われる。その意味で，幼児教育・保育制度改革の大きな動因である政治的意図や論理を分析すること，そしてその分析を踏まえて，積極的かつ建設的な批判，すなわち子どもの権利保障からの制度設計の代替案を提示することが課題となろう。

2　社会慣行的幼児教育・保育制度への着目

　前述したように，教育制度論では，社会的公認の在り方によって「法制的教育制度」と「社会慣行的教育制度」に分類されるが，現在の教育制度研究では法制的教育制度が中心である。これは幼児教育・保育制度研究でも同様である。社会慣行的制度については，歴史学や民俗学等の研究によって，子どもの産育に関わる数多くの社会慣行があったことが明らかにされてきている。それをここで詳細に解説することはできないが，例えば，七夜・宮参り・お食い初め（百日の祝）・七五三等の通過儀礼，帯親・取り上げ親・乳親・名付け親・拾い親等の「仮親」の社会慣行，あるいは「貰乳」のような地縁を基盤にした授乳のしくみ等々多様な社会慣行が，かつての日本社会にはあった（今も一部残っている）（大藤1982：小泉2007：沢山2017）。このような社会慣行として公認された制度を，教育制度論の視点から再検討することは，現代の幼児教育・保育制度改革への示唆を得るという意味でも重要ではなかろうか。もちろ

ん，かつての社会慣行を復活させるようなアプローチではなく，社会生活の必要から自然発生的に成立したものであるがゆえの「庶民の叡智」を，今後の幼児教育・保育制度改革に生かすことが望まれる。

3 「子育て主体育成制度」の体系化

　子ども・子育て支援法（59条）には，市町村の実施すべき「地域子ども・子育て支援事業」が規定されており，「地域子育て支援拠点事業」「乳幼児家庭全戸訪問事業」「放課後児童健全育成事業（放課後児童クラブ）」「子育て援助活動支援事業（ファミリー・サポート・センター事業）」等13の事業が規定されている。これら事業の多くは，従来，市町村がそれぞれの市町村の状況や住民ニーズに合わせて実施してきたものを，各事業の需要調査によって必要なサービスの事業量を決め，「市町村子ども・子育て支援事業計画」を策定した上で計画的に実施することを義務付けたものである。いわば個々バラバラに実施されていた事業を「地域子ども・子育て支援事業」として括り，支援の提供体制を整備したという意味で，大きな意義がある。しかしながら，「子育て支援」の事業が，本来，保護者の子育ての困難を軽減するだけでなく，喜びをもって子育てができるようになっていく，つまり「子育て主体の育成（教育）」を目指すのだとすれば，さまざまな「地域子育て支援事業」をこの目的に即して体系化することが望まれる。

　さらに，「子育て主体の育成」は，親になってから始めるのではない。人間としての育ちの重要な柱として，一方で「職業人としての育ち」（これを支援するのが「キャリア教育」）があるが，もう一本の柱と「親をするための育ち」（これを支援するのが「子育て主体の育成教育」）を設定し，この「子育て主体の育成教育」の体系化を「生涯学習体系」として構築すること，すなわち，誕生以降の

発達の過程を「育てられる存在」から「育てる存在」への移行過程として体系化することが重要な研究課題となろう（秋川2015）。

おわりに

　本章では，「教育制度論の視点から，幼児教育・保育制度をどのように見ればよいのか」について，まず，桑原の「教育制度」の捉え方を踏まえて，「教育制度論の視点」について述べ，次に，その視点から「幼児教育・保育制度」をどのように捉えればよいかについて筆者の考えを述べた。そこでは，「幼児教育・保育」を「幼児期の子どもの全生活を基盤として，子どもの権利（とくに生存権・学習権・幸福追求権の３つの権利が重要）を総合的に保障する営みの総体である」と定義し，「環境を通しての教育」という幼児教育・保育の基本原則から，幼児を対象とした支援（子ども支援）のみならず，保護者を対象とした「子育て支援」も「幼児教育・保育」に含め，その組織と体系を「幼児教育・保育制度」として捉えることを論じた。そして，最後に，幼児教育・保育制度研究の今後の着目すべき課題あるいは研究の方向性について，(1)幼児教育・保育改革における「政治の論理」の再検討，(2)社会慣行的教育制度への着目，(3)「子育て主体育成制度」の体系化の３点について問題提示を行った。

　しかしながら，冒頭に述べたように，「教育制度論」は，「教育とは何か？」を教育制度の側面から考察しつつ，「教育制度とは何か？」も問い続けるという「二重の問い」の追究自体が課題である。その意味で，本章は，筆者の現時点での幼児教育・保育やその制度の捉え方についての私見を述べたに過ぎず，今後もこの「二重の問い」を問い続けることが，幼児教育・保育制度研究に携わるすべての研究者に課せられた課題である。

【註】

1　桑原は，教育制度学を構想するにあたり，「教育制度学の事実学」と「教育制度学の当為学」に2分して論じており，この「教育制度」の定義は「教育制度の事実学」を前提とした事実分析のための定義といえるが，桑原自身，教育条理を基盤にした教育制度のあるべき姿を絶えず論じてきた。その桑原の「教育制度の当為学」の意図を強く反映したのが，桑原が日本教育制度学会長を務めていた2002～2006年にかけて毎年刊行された『教育改革への提言集』（第1集～5集，日本教育制度学会編，東信堂）であり，桑原自身，毎年，論考を発表している。

2　桑原の「教育組織」の捉え方や16の構成要素は『要説　教育制度』の初版（1984）には出ておらず，同書の【全訂版】（1991）で登場するが，この版では12の構成要素で説明されている（その後，【新訂版】（2002）でも同様に12の要素が示されている）。すなわち，本章で示した16の構成要素のうち，「アクセス制度」「エントランス制度」は，細分要素として「学習者」に含まれ，「設置基準等」と「設置」は「設置」の要素にまとめられている。また，「エグジット制度」は構成要素とはされておらず，その後，【新訂第二版】（2007）でこれらの要素を分離し，16の要素としている（【新訂第三版】（2011）も同様に16の要素としている）。

3　清水一彦は，「アーティキュレーション」「インテグレーション」「コンビネーション」の3つの概念区分を了解した上で，「縦の接続（Vertical Articulation）」（従来の「アーティキュレーション」に相当：筆者註），「横の接続（Horizontal Articulation）（従来の「インテグレーション」に相当），「斜めの接続（Diagonal Articulation）」（従来の「コンビネーション」に相当）と，すべて「アーティキュレーション」（の方向性）として統一的に使用している。その理由として，「アーティキュレーションの語義には必ずしも縦の関係だけでなく，横の関係も含まれていること，また組織や機関のつながりという意味では『接続』という統一した言葉で説明した方が分かりやすいこともあり，縦の接続（Vertical Articulation）と横の接続（Horizontal Articulation）で説明し，また，斜めの接続（Diagonal Articulation）も新たに設定することにした」と述べている（清水一彦「教育における接続論と教育制度改革の原理」（日本教育学会編「教育学研究」

第 83 巻第 4 号，2016・12，pp.384-396 所収，注（13）を参照）。
4　1947（昭和 22）年の学校教育法・児童福祉法の制定時から，学校教育法
　　（現行 22 条）の「幼稚園の目的」規定でも，児童福祉法（39 条）の「保育
　　所の目的」規定でも，ともに「保育」の用語が使用されてきているが，その
　　意味合いは異なる。幼稚園の「保育」は「幼児に適当な環境を与えて，その
　　心身の発達を助長すること」を意味し，保育所の「保育」は「保育を必要と
　　する子どもを保護者に代わって養育する」ことを意味する。両規定が異なる
　　意味合いで「保育」を使用しているため，1956（昭和 31）年の幼稚園教
　　育要領の告示以来，文部省の公文書では「保育」の用語は使用せず，「幼稚
　　園教育」が使用されている。

【参考文献一覧】
秋川陽一（2019）「『幼児期教育』制度改革の特徴と政治主導の課題」日本教
　　育制度学会『教育制度学研究』第 26 号，pp.36-52
秋川陽一（2015）「3 歳未満児の『教育』制度を考える基本的視点に関する問
　　題提起」日本教育制度学会『教育制度学研究』第 22 号，pp.176-181
荒井英治郎（2011）「教育制度研究における制度概念と対象・視角―「教育
　　制度」の概念規定をめぐる議論に着目して―」信州大学人文社会科学研究会
　　『信州大学人文社会科学研究』第 5 巻，pp.201-222
市川昭午（1994）「教育制度研究の対象と方法」日本教育制度学会『教育制
　　度学研究』第 1 号，pp.80-94
大藤ゆき（1982）『子どもの民俗学』草土文化
桑原敏明（1973）「教育制度」『教育経営事典』第 2 巻，ぎょうせい，
　　pp.157-161
桑原敏明（2011）「教育制度とは何か」教育制度研究会『要説　教育制度【新
　　訂第三版】』学術図書出版，p.4
小泉吉永（2007）「第 1 章『仮親』と子育てネットワーク」『「江戸の子育て」
　　読本』小学館，pp.7-34
沢山美果子（2017）『江戸の乳と子ども―いのちをつなぐ』吉川弘文館

公教育としての幼児教育・保育の課題

―教育を受ける権利，国民統合，正統性―

坂田 仰 (日本女子大学)

はじめに

2006（平成18）年に実現した教育基本法の改正において，「幼児期の教育」に関する条項が新設された。「幼児期の教育は，生涯にわたる人格形成の基礎を培う重要なものであることにかんがみ，国及び地方公共団体は，幼児の健やかな成長に資する良好な環境の整備その他適当な方法によって，その振興に努めなければならない」とする規定である（11条）。この条項は，10条に置かれた「家庭教育」とともに，これまで懸案であった「幼児教育・保育」に関する施策の充実を後押しするものとして期待されている。

その象徴とでも言うべき存在が，2019（令和元）年10月からスタートした「幼児教育・保育の無償化」である。だが，改正時の議論とは裏腹に，取り残されたかに見える施策も存在する。例えば，幼児教育・保育の義務教育化，就学年齢の引き下げはまさにその一つと言える。改めて指摘するまでもなく，義務教育諸学校への就学は，公教育の根幹を成すものであり，多くの国において国家的関心事となっている。その拡大が議論から取り残されている状況は，幼児教育・保育に関わる全ての者にとって見過ごすことのできないことと言えるだろう。

義務教育化の対象施設として想定される幼稚園と保育所は，その歴史的経緯からこれまで別立ての制度として維持されてきた。幼稚

園は文部科学省，保育所は厚生労働省という二元的な所管が義務教育の拡大の障壁の一つとなっていることは想像に難くない。更に厄介なことに，現在の就学前教育（幼児教育），保育について，幼稚園，保育所に加えて，認定こども園という新たな制度が生まれ，より複雑な様相を呈している。幼稚園は文部科学省，保育所は厚生労働省，幼保連携型認定こども園は内閣府（文部科学省・厚生労働省）の所管であり，その法的性格も学校，児童福祉施設，そして両者のハイブリッドと三者三様の制度が乱立している状況にある。

　本章の目的は，この"三頭立ての馬車"について，公教育，中でも義務教育という観点から検討を行うことにある。就学年齢の引き下げによる義務教育の拡大は，日本国憲法が保障する教育を受ける権利との関係でどのように理解されるべきなのか。また，その拡大は，学校教育法1条が規定する学校が有する"正統性"を前提としてきた，従来型の義務教育制度との連続性を確保することができるのか。これらの点について，公教育を支える制度原理である，教育を受ける権利，義務教育の存在意義，学校の正統性等を題材にし，若干の検討を行いたいと考えている。

第1節　義務教育法制と教育を受ける権利

　日本国憲法は，26条1項において「教育を受ける権利」を保障している。「すべて国民は，法律の定めるところにより，その能力に応じて，ひとしく教育を受ける権利を有する」とする規定である。この国民の権利としての教育という考え方は，天皇制の下，専ら「臣民としての教育義務」として捉えられていた第二次世界大戦前の教育観を一変させることになった。

　だがその一方で，日本国憲法は，保護者に対して「法律の定めるところにより，その保護する子女に普通教育を受けさせる義務」（26条2項）を課している。法的観点からは，権利を行使するか

否かは，権利主体の自由な意思に委ねられるべき問題である。にもかかわらず，日本国憲法は，権利主体である「子ども」ではなく，その保護者に一定の教育を受けさせる義務を課すという手法を採用し，教育を受ける権利の不行使に対して一定の制約を課したのである[3]。

　教育に関わる権利と義務の交錯，この一見矛盾するかに映る規定は何故採用されたのか。日本国憲法 26 条は，条文が置かれた位置等からも理解可能なように，生存権を規定する 25 条が保障しようとする，「健康で文化的な最低限度の生活を営む権利」について，その文化的側面を担保するという性格を有している。しかし，成長発達段階から見て完全な自律能力を欠く子どもについて，権利の行使をその自由な意思に委ねてしまうことは妥当ではない[4]。それ故，子どもの教育を受ける権利を十全なものとするため，その保護者に対し普通教育を受けさせる義務を課したものと考えられている。

　ただ，「国民はすべての教育を受ける権利をもち，保護する子女に教育を施す権利をもつといっても，国民各人が自らなしうるところに限界がある」，「したがって，現代国家にあって教育をうける権利とは，国家に対し合理的な教育制度と施設を通じて適切な教育の場を提供することを要求することを意味せざるを得ない[5]」。国家に対し，国民が合理的な教育制度と適切な教育の場を提供することを要求するための社会権とする考え方であり，その一翼を担うのが公教育であるとする理解である。この視点からは，幼児教育，保育の義務教育化は，教育を受ける権利をより実質化するものとして，確かに子どもの権利を拡張するものと言えるだろう。

　では，義務教育法制において，幼児教育，保育の義務教育化はどのような形で位置付けられるのだろうか。

　ここで注意を要するのは，日本国憲法が規定する「普通教育」を受けさせる義務が，学校教育法の段階で学校教育を受けさせる義務，

就学へと転化しているという点である。まず教育基本法5条1項は，「国民は，その保護する子に，別に法律で定めるところにより，普通教育を受けさせる義務を負う」とし，日本国憲法の定めに「別に法律で定めるところにより」という条件を付加している。ここでいう法律に当たるのが，学校教育法である。

　学校教育法は，「保護者（子に対して親権を行う者（親権を行う者のないときは，未成年後見人）をいう。以下同じ。）は，次条に定めるところにより，子に9年の普通教育を受けさせる義務を負う」（16条）とし，「9年」という教育年限を付している。そして，この9年を子どもの年齢にしたがい小学校等6年と中学校等の3年に分割する。「保護者は，子の満6歳に達した日の翌日以後における最初の学年の初めから，満12歳に達した日の属する学年の終わりまで，これを小学校，義務教育学校の前期課程又は特別支援学校の小学部に就学させる義務を負う。ただし，子が，満12歳に達した日の属する学年の終わりまでに小学校の課程，義務教育学校の前期課程又は特別支援学校の小学部の課程を修了しないときは，満15歳に達した日の属する学年の終わり（それまでの間においてこれらの課程を修了したときは，その修了した日の属する学年の終わり）までとする」，「保護者は，子が小学校の課程，義務教育学校の前期課程又は特別支援学校の小学部の課程を修了した日の翌日以後における最初の学年の初めから，満15歳に達した日の属する学年の終わりまで，これを中学校，義務教育学校の後期課程，中等教育学校の前期課程又は特別支援学校の中学部に就学させる義務を負う」とする規定である（17条1項，2項）。

　この日本国憲法26条2項が規定する「普通教育を受けさせる義務」から教育基本法，学校教育法による「就学義務」への転化を前提とする限り，法制度的には，幼児教育・保育の義務教育化のために日本国憲法や教育基本法を改正することは不要である。基本的に

は，学校教育法を改正し，二つの段階を経ることで実現可能と考えられる。まず学校教育法16条を改正し，9年という期間を延長することが求められる。そして，同法17条1項を改正し，小学校への就学年齢を早めるか，あるいは，幼稚園等への就学に関する規定を新たに設けるか，この何れかの手続を経ることにより，幼児教育・保育の義務教育化は実現可能と解される[6]。

第2節　義務教育の拡大と保護者の教育権

　ただ，義務教育期間の延長は，自己の下で普通教育を実現したいと考える保護者との間に緊張をもたらす可能性が存在する。日本国憲法が保障する教育を受ける権利には，社会権としての側面のほかに自由権としての側面が存在している。就学年齢の引き下げは，先に触れたとおり，教育を受ける権利の社会権的側面からは肯定的に評価することができる。

　しかし，自由権的側面からはどうだろうか。保護者は，自ら有する価値観に基づき子どもを教育する権利，いわゆる教育の自由を有している[7]。これに対し，学習指導要領（幼稚園教育要領）を基礎とする学校教育は，その内容が国家の意思によって予め決定されている。これが保護者の価値観と一致するとは限らず，両者が衝突する可能性は否定できない。この視点からは，幼児教育，保育の義務教育化は，自らの手で普通教育を施したいと考える保護者の権利をこれまで以上に制約することになる。"普通教育を受けさせる義務"が，"就学義務"へと転化することにより生じる衝突である。

　この点，通説的見解は，私事の組織化論[8]，内外事項区分論[9]等を通じ，国家による教育への関与を専ら保護者の有する教育の自由をサポートするものとして組み替え，この対立を止揚しようとする。「子どもの教育を受ける権利を現実に保障する手段として，その父母および国家・社会が教育機会の配慮の義務」を負うとする考え方

である。

　だが，義務教育制度の整備には，私事の組織化とは異なる側面も
存在している。公教育，義務教育制度が担う，国民統合の機能であ
る。協調性を有する国民の存在，言い換えるならば共通の価値観を
有する国民を欠いた国家は想定し難い。したがって，国家が存続，
発展していくためには啓蒙された構成員の存在が不可欠と言える。
その意味において公教育，特に義務教育は公共財としての性格を有
している。この教育の公共性を重視する立場からは，「子どもの教
育に関する限り，私人の自由な活動は完全な信頼には値せず，国民
の意思を背景とする公権力が一定の役割を果たすことが期待されて
いることになる」。

　西洋近代の系譜に連なる日本国憲法を前提とする日本においては，
義務教育は，「近代立憲主義を担う将来の市民を育てる」という理
念の下に展開されることになるだろう。教育の力を借りた憲法秩序
の維持，憲法アイデンティティの涵養である。だが，個人が有する
価値観は多様であり，近代立憲主義，日本国憲法を否定的に捉える
保護者も当然想定し得る。したがって，国家による教育への関与を，
保護者の有する教育の自由をサポートするものとして組み替える通
説的理解のみでは，義務教育制度が有する国民統合機能は万全とは
言い難い。

　オルデンキスト（Oldenquist）の指摘を待つまでもなく，共同
体が特定の価値を次世代に伝達し得ないとするならば，それは"社
会の自殺"を容認することになる。ここに，国民統合の手段として，
ある種のイデオロギー装置として機能する義務教育制度という側面
がクローズアップされることになる。教育が有する文化や階級を再
生産する機能に着目し，保護者の意思にかかわらず子どもを学校へ
と囲い込む，義務教育の有する権力的性格である。

　改めて指摘するまでもなく，現実の義務教育制度は，私事性と公

共性，双方の性格を併有している。教育基本法改正論議における「公共」や「国を愛する心」を巡る対立，道徳教育への賛否等，戦後日本の教育界はそのバランスの在り方について対立を続けてきたと言ってよい。しかし，就学年齢の引き下げ，幼児教育・保育の義務教育化は，紛れもなく，国家による子どもの囲い込みをより拡張することを意味する。それ故，義務教育の拡大という方向性が，保護者の教育権の制限，縮小の可能性を包含することは明らかである。この観点からは，国家からの自由を標榜し，教育の私事性に拘りを持ち，教育を受ける権利の自由権的性格，国家の教育意思に対する保護者の教育権の先行性を強調する立場からは，幼児教育，保育の義務教育化への対抗こそが模索されるべきことになる。その際，「父母その他の保護者は，子の教育について第一義的責任を有する」とする教育基本法10条1項との関係が改めて問われなければならないだろう。

第3節　公教育を巡る正統性

　それでもなお幼児教育，保育の義務教育化を目指すと仮定した場合，次に問題となるのはその担い手の"正統性"という課題である。

　第二次世界大戦後の教育改革以降，日本の義務教育は，一貫して，小学校，中学校がその中心を担ってきた。より広く公教育という括りで捉えるならば，学校教育法1条が規定する学校であり，現在では，幼稚園，小学校，中学校，義務教育学校，高等学校，中等教育学校，特別支援学校，大学及び高等専門学校の9種の学校が正統性を有している（学校教育法1条校）。

　現在の状況を前提とする限り，幼児教育・保育の義務教育化は，保育所等，この系譜に異質なものを持ち込むことになる可能性が高い。周知のように，これまでの就学前教育は，学校としての正統性を有する幼稚園と児童養護施設の一種である保育所が併存してきた。

幼稚園が文部科学省，保育所が厚生労働省と管轄を異にし，幼稚園教育要領，保育所保育指針と少なくとも理論上は依拠する基本原則も異なっている。このいわゆる幼保二元論は，これまで所与の前提となってきた，公教育，義務教育の担い手としての「学校」の正統性の再定置を求めることになる。

1 学校の公共性

教育基本法6条1項は，「法律に定める学校は，公の性質を有するものであって，国，地方公共団体及び法律に定める法人のみが，これを設置することができる」と規定する。学校が有する「公の性質」，公共性にかんがみ，旧教育基本法6条1項を引き継ぎ，学校の設置主体を限定した規定である。[16]

だが，ここでいう「公の性質」，公共性の概念が何を意味するかについては必ずしも明らかではない。論者によって，また使われる場面によって，捉え方は多様である。

例えば，齋藤純一は，公共性は語られる文脈毎に，国家に関係する公的な（official）もの，全ての人々に関係する共通のもの（common），誰に対しても開かれている（open），という3つの意味合いが存在するという。[17]国家的公共（＝official）は，公共事業や公教育がその典型とされ，権力，強制等の言葉と親和性を有している。共通項としての公共（＝common）には，公益，公共の福祉等が存在するとして，集団的，集合的性格が強いとされる。そして公開としての公共（＝open）には，公園や情報公開等の概念を引用し，誰もがアクセス可能であるという意味において，セーフティネット的機能を有していると指摘している。

この分類を学校に当て嵌めるならば，齋藤は専ら国家的公共の側面から公教育を把握するが，正統性を有する学校は，濃淡の差こそあれ，公立学校，私立学校の区別を問うことなく，三つの「公共」

全てと関係性を有している。中でも公立の義務教育諸学校はその典型といってよい。

　公立の小学校，中学校は，学校教育法上，学齢児童・学齢生徒を就学させるために必要な施設として，市町村に設置義務が課されている（38条，49条）。そのため，国家的公共の条件を満たすことは言うまでもない。また，公立の小学校，中学校は，"義務教育最後の砦"という性格上，経済状況を考慮することなく，全ての学齢児童・学齢生徒を受け入れの対象とする。その意味において，教育面でのセーフティネットとしての役割を果たしており，公開としての公共についても要件を充足している。教育の内容面については，学習指導要領の拘束下，全国的に同一の基準に基づいた教育が展開されており，共通項としての公共が貫徹されていると見ることができる[18]。したがって，公立の小学校，中学校は，国家の関与の下に，全ての国民に対して，共通の知識・技能を教授するシステムとして定義することが可能であり，国家的公共，共通項としての公共，公開としての公共，全ての「公共」を体現する存在として位置付けることが可能である。

　私立学校についても程度の差こそあれ同様のことが言える。私立学校は，その設置主体が学校法人に限定され，学校法人の設立についてはいわゆる特許主義[19]が採用されている。この点から，設立の可否に関して公的関与のシステムが相当程度確保されていると見ることができるだろう。また，公立，私立の区別を問うことなく，適用される学校設置基準や補助金の支出等を通じて，設立後も一定程度の公的関与が可能となっている。その意味において，私立学校においても国家的公共が一定程度確保されていると言ってよい[20]。更に，ナショナル・カリキュラムとしての学習指導要領は私立学校にも適用される。したがって，共通項としての公共は，公立学校と同様，私立学校においても，少なくとも理論上は貫徹されている[21]。経済的

負担としての授業料という観点から公開としての公共に問題がある
と言えなくもないが，各種の補助金によって一定の均衡が図られて
いることは事実である。

2 設置主体の公共性

　だが，保育所等はどうだろうか。最大の問題は，設置主体に関す
る公的関与の度合いであろう。そもそも保育所については，厳しく
設置主体に制限を課す学校とは異なって，設置主体に関する制限が
存在しない。2000（平成12）年3月，待機児童の解消等に向け
た規制緩和がなされた結果である[22]。設置認可に当たっては一定の審
査が行われるものの，特許主義を採用する学校と比して極めて緩や
かと言える。その関係もあり，現在，いわゆる保育所業界への個人
や宗教法人，株式会社等の進出が図られていることは周知の事実で
ある[23]。これら主体に義務教育の一翼を担わせることは，学校が有す
る公共性に対する疑念を抱かせる契機となるのではないか。設置主
体の公共性をどのように担保するのかという課題である。

　この問題に形式的な対応を行うことはそれほど困難ではない。幼
保連携型認定こども園に既にその例が存在しているからである。周
知のように，幼保連携型認定こども園は，学校であると同時に児童
福祉施設としての性質も有している。しかし，学校教育法1条を
改正することなく，就学前の子どもに関する教育，保育等の総合的
な提供の推進に関する法律（以下，「認定こども園法」とする）に
おいて教育基本法6条に基づく「法律に定める学校」であること
を明らかにした[24]。認定こども園法を学校教育法の特別法として位置
付け[25]，幼保連携型認定こども園は，教育基本法6条が規定する「学
校」に含まれるが，学校教育法上の1条校（幼稚園等）ではない
としたのである。

　同様の手法は，以前から見られる。放送大学学園法，構造改革特

別区域法が特別法とされ，放送大学，株式会社立学校が設置されていることは周知の事実である。それ故，特別法によって，幼保連携型認定こども園を学校教育法1条以外の法律に定める学校として位置付けることは不可能ではない。だが，それが可能であることと，その「是非」は別の次元に属している。構造改革特別区域法に基づいて設置された株式会社立学校が教育界にもたらした弊害については誰もが知るところである。[26]それ故，両者を明確に分離した上で，検討することが不可欠と言えるだろう。

　この「是非」という観点から，保育所の設置主体として一定のプレゼンスを有する宗教法人，株式会社の本質について検討する必要がある。

　宗教法人法は，「宗教団体が，礼拝の施設その他の財産を所有し，これを維持運用し，その他その目的達成のための業務及び事業を運営することに資するため，宗教団体に法律上の能力を与えることを目的」とした法律である（1条1項）。そして，ここでいう宗教団体とは「宗教の教義をひろめ，儀式行事を行い，及び信者を教化育成することを主たる目的とする左に掲げる団体」を指す（2条）。だとするならば，宗教法人が運営する保育所と，教育の中立性，特に宗教的中立性が両立するかは疑わしい。

　株式会社についても同様の疑念が生じる。言うまでもなく，株式会社は営利を目的とした法人である。利潤の最大化を目指す株式会社の活動と，これまで非営利活動セクターの典型と見なされてきた学校の併存は果たして可能なのだろうか。

　この点と関わって，保育所の設置主体について規制緩和が行われて以降，保育所の閉園問題が散見されるようになっていることに留意する必要がある。学校，特に義務教育諸学校は，その性格上，継続性が求められる。しかし，保育所の場合，中には，閉鎖まで1ヶ月の余裕すらない「突然閉園」の例も存在する。2020（令和

2）年10月には，千葉県印西市で，半月程度の猶予しかない「突然閉園」が強行され，物議を醸した。年度途中の突然閉園は保護者に対し大きな負担を課すことになる。規制緩和の是非は一先ず脇に置くとしても，何よりも安定性，継続性が求められる義務教育をその流れに委ねることの是非は，別途，慎重に議論することが求められる。

　ともあれ，宗教法人には，宗教の教義を広めるという宗教団体の本質が存在する。株式会社には，営利の追求という本質が存在する。この本質と学校が有する「公の性質」の間には，相容れない部分が少なくない。そこに個人が設置する保育所等まで加わるとしたならば，学校と私塾との違いはどうなるのか。保育所一般への義務教育の拡大には，その設置主体に着目しただけでも，クリアしなければならない多くの課題が存在することに留意する必要がある。

第4節 "緩やかな"義務教育化

　本章では，教育を受ける権利，国民統合，学校の正統性という観点から，公教育としての幼児教育・保育の位置付けについて，義務教育化を中心に検討を加えてきた。最後に，義務教育の"揺らぎ"という視点に立ち，幼児教育・保育の義務教育化への手掛かりを提示し，まとめに代えることにしたい。

　義務教育は，国民統合を進める上で極めて有用なシステムである。しかし，文部科学省「令和元年度 児童生徒の問題行動・不登校等生徒指導上の諸課題に関する調査結果について」によれば，2019（令和元）年度の小学校，中学校における長期欠席者数は252,825人に上る。そのうち，不登校児童・生徒の数は181,272人であり，その割合は全児童・生徒の1.9％に上っている。この数字は過去最多であり，日本の義務教育制度はある種の機能不全を起こし始めていると言っても過言ではない。

　この状況に拍車を掛けているのが，2016（平成28）年に制定された，義務教育の段階における普通教育に相当する教育の機会の確保等に関する法律（教育機会確保法）の存在である。同法の制定にあたり，「本法に定める不登校児童生徒に対する支援に当たっては，全ての児童生徒に教育を受ける権利を保障する憲法のほか，教育基本法及び生存の確保を定める児童の権利に関する条約等の趣旨にのっとって，不登校の児童生徒やその保護者を追い詰めることのないよう配慮するとともに，児童生徒の意思を十分に尊重して支援が行われるよう配慮すること」とする附帯決議がなされたこと[31]等が影響し，就学に向けた指導は近年確実に弱体化している。これらの点を前提とすると，就学義務は，厳格な就学義務の履行から，緩やかなそれへの転換が進んでいると言ってよいだろう。

　幼児教育・保育の義務教育化に当たって，この「緩やかな就学義務」を前提とする方向性が考えられるのではないか。制度設計の段階から従来の義務教育とは一線を画し，保護者側に一定の「選択」の機会を付与するという手法である。

　当然のことながら，義務教育に対し，保護者の「選択」，「自己決定」を拡大することについては，国民統合の視点からの反論が予測できる。だが，仮に，現在の小中学校への9年の就学を以て十分な国民統合が図られるとしたならば，幼児教育・保育の義務教育化を緩やかなものにする余地は十分に存在し得ると考えられる。

　この立論に関しては，アメリカ合衆国最高裁判所が1972年に下したYoder判決が参考となる。子どもが16歳になるまで就学義務を課していたウィスコンシン州において，保護者が，義務教育法上の免除規定に該当しなかったにもかかわらず，信仰を理由に9学年から12学年までの4年間について就学させることを拒絶し，起訴された事案である。

　訴訟においては，キリスト教の一派であるアミッシュ[32]に属する保

護者の教育権とアメリカ合衆国市民としての義務をどのように調整するかが争点となった。この点について判決は，まず，州政府が州民の教育に対して高度の義務を負っているとし，州政府が合理的な範囲で義務教育等の基礎的な教育に関して規制を行う権限を導き出している。だが，この権限は絶対的なものではないとする。州政府が権限を行使して就学を強制する場合，それによって信教の自由が否定されるわけではないこと，又はそれに優越する利益が州の側に存在することが明らかでなければならないとする。そして判決は，アミッシュの信仰と生活，そしてその真摯さを考慮し，被告らの子どもに残りの期間の就学を免除したとしても，肉体的にも精神的にも健康を害するということはなく，また将来的に市民としての義務を果たす上で支障を来すこともないと結論付けている。

　判決の姿勢は，アメリカ合衆国の市民として必要な事項を学ぶとする国民統合の視点を認めたものと言える。しかし，ウィスコンシン州で行われている16歳までの義務教育の全てが国民統合に必要な内容ではないとした点に特徴がある。同様の判断は，日本の義務教育においても妥当する可能性が高い。だとするならば，幼児教育・保育の義務教育化，就学年齢の引き下げを仮に行うとしても，その内容は厳格である必要はない。ここに幼児教育・保育の義務教育化に当たって，保護者に一定の選択機会を付与するとする"緩やかな"手法を用いる可能性が存在するのではないか。

【註】
1　幼児教育・保育の無償化については，本書第5章「幼児教育・保育の無償化政策の課題─無償化論の軌跡に着目して─」を参照。
2　公教育という用語は多義的な意味合いを有している。差しあたり本章では，教育基本法6条の「法律に定める学校は公の性質を持つ」という点を意識し，公的関与の下に制度化され，運営される学校教育とする。

3　権利主体と義務主体の間に「ズレ」が存在しているものの，日本国憲法26条2項が就学拒否という権利の不行使に対する制約であることは疑いない。

4　子どもに対する権利保障の在り方については，本書第12章「"子どもの人権"論再考―原理論からの問い掛け―」を参照。

5　佐藤幸治（1995）『憲法［第三版］』青林書院，p.635。

6　財政的裏付けや就学時の健康診断の実施時期等，細かな制度の整備，調整は当然必要となる。しかし，基本的には学校教育法の改正が主柱と言えるだろう。

7　この権利は，前国家的権利として，教育を受ける権利の社会的側面に先行するとも言える。

8　学校教育の存在意義を専ら国家の視点から捉えてきた第二次世界大戦前の状況を否定することから出発し，その私事性を強調することによって教育の権利的性格を貫徹しようとする立場と言える。私事の組織化論について詳しくは，堀尾輝久（1992）『現代教育の思想と構造』岩波書店を参照。

9　内外事項区分論については，佐藤修司（2007）『教育基本法の理念と課題―戦後教育改革と内外事項区分論』学文社を参照。

10　例えば，堀尾輝久「義務教育」，宗像誠也編（1988）『【新装版】教育基本法―その意義と本質』新評論など。

11　この点については，杉田敦「社会統合の境界線」，齋藤純一責任編集（2009）『自由への問い1　社会統合―自由の相互承認に向けて』岩波書店を参照。

12　長谷部恭男（1996）『憲法』新世社，p.275。

13　あくまでも日本の場合であり，それぞれの国家，社会が掲げる「価値」に立脚した義務教育が展開されることになる。

14　See, e.g., Oldenquist, A. "Indoctrination and Societal Suicide", *Public Interest*. p.63, 1981

15　義務教育諸学校において展開される，チャイムが鳴ると教室に入り席に着く，特定の言語で教育を行う。こういった活動自体が，協調性，共通の価値観を強制的に確立する役割を果たしている。

16　この点については，とりあえず，坂田仰（2007）『新教育基本法―全文

と解説』教育開発研究所を参照。

17　齋藤純一（2000）『公共性』岩波書店，pp.viii-ix。

18　学習指導要領に関しては，最高裁判所は，福岡伝習館訴訟（最高裁判所第一小法廷判決平成2年1月18日）等において繰り返しその法的拘束力を肯定している。

19　本来，個人には認められていない権限等を国が特別に付与する行政行為をいう。

20　但し，関与の度合いは，法制度上のみならず，事実上も弱いものとなる。これは，私学行政の担当部局が教育委員会ではなく，知事部局であることを考えれば明らかであろう。

21　もっとも，事実上それがどこまで確保されているかという点については疑問も存在する。私立学校については，例えば，国旗，国歌に関する指導等，公立学校と比較して，学習指導要領からの逸脱が多いという批判も少なくない。

22　厚生労働省「保育所の設置認可等について」平成12年3月30日付け児発第295号参照。

23　例えば，厚生労働省「新制度を見据えた保育所の設置認可等について」平成25年5月15日付け雇児発0515第12号等。

24　認定こども園法2条8項は，同法における「教育」は，教育基本法「第6条第1項に規定する法律に定める学校（第9条において単に「学校」という。）において行われる教育をいう」と規定している。

25　「子ども・子育て支援法，就学前の子どもに関する教育，保育等の総合的な提供の推進に関する法律の一部を改正する法律並びに子ども・子育て支援法及び就学前の子どもに関する教育，保育等の総合的な提供の推進に関する法律の一部を改正する法律の施行に伴う関係法律の整備等に関する法律の公布について」（平成24年8月31日付け府政共生第678号・24文科初第616号・雇児発0831第1号）。

26　実態のないカリキュラムや就学支援金の不正受給で問題となったウィッツ青山学園高校の問題等，その例は枚挙に暇がない。

27　株式会社が設置した認可保育所で，印西市が閉園を認めない中での強行であったという。朝日新聞朝刊，2020年11月7日参照。

28　年度間に連続又は断続して 30 日以上欠席した児童・生徒を指す。

29　「病気」や「経済的理由」による者を除き，何らかの心理的，情緒的，身体的，あるいは社会的要因・背景により，児童・生徒が登校しないあるいはしたくともできない状況にある者を指す。

30　同法は，「教育基本法（平成 18 年法律第 120 号）及び児童の権利に関する条約等の教育に関する条約の趣旨にのっとり，教育機会の確保等に関する施策に関し，基本理念を定め，並びに国及び地方公共団体の責務を明らかにするとともに，基本指針の策定その他の必要な事項を定めることにより，教育機会の確保等に関する施策を総合的に推進することを目的」とした法律である（1条）。

31　詳しくは，衆議院文部科学委員会「義務教育の段階における普通教育に相当する教育の機会の確保等に関する法律案に対する附帯決議」平成 28 年 11 月 18 日を参照。

32　アミッシュは，ヨーロッパで起こったプロテスタント・キリスト教の一派であり，ペンシルベニア州東部に 1700 年代前半に植民したのが始まりと言われる。1800 年代半ば，伝統を重視しようとする「旧秩序派アミッシュ（Old Order Amish）」とそうではないグループに分離した。旧秩序派アミッシュは，伝統的戒律を守りつつ社会的にも政治的にも孤立したコミュニティを形成し，近代的なアメリカ文明を拒否する生活を送っている。現在では，アミッシュという言葉は，旧秩序派アミッシュを意味するのが一般的であり，この保護者も旧秩序派アミッシュであった。

第2章

幼保一体化・一元化の歴史的展開と課題

梨子 千代美（元旭川大学女子短期大学部）

はじめに

欧米やアジア諸国においては，保育が国の重要な政策課題の一つとなり，幼児期の保育・教育（以下，保育）から義務教育への移行期に子どもの発達の連続性や学習の質を保障するための制度設計，保育内容等についての議論を経て，現在は改革の段階に入ってきている。また，多くの国では，保育の供給量を増やすこと等を目的に多様な運営主体の参入が推進され，一定の質を担保するための具体的方策に関心が寄せられている。

国際的動向と同様，わが国でも，2015年の「経済財政運営と改革の基本方針2015について」（閣議決定）において，幼児教育が，わが国の重要な政策課題と位置づけられ，さらに，2019年10月より消費税率の引き上げによる財源を活用した保育の無償化が実施された。

他方で，少子化の進行と都市部における待機児童（以下，待機児）の増加，自治体の財政難等を背景としながら，2001年に発足した小泉内閣は，新自由主義的構造改革のもとで，保育の領域における民間開放と加速度的な保育制度改革を推進した。地方自治体レベルでの幼稚園と保育所（以下，幼保）の一体化が促進され，その実践の蓄積は，全国レベルでの実施を可能とし，従来の幼保とは別に，認定こども園制度を生み出した。

　ところで，わが国の保育は，認定こども園制度が誕生するまでの長い間，幼保という法制度上の二元体制が維持され，二つの制度を一つに統一しようとする，いわゆる幼保一元化の問題が戦前，戦後と幾度となく議論されてきた。そして，時代の変化とともにその論点も変化してきた。とりわけ，1980年代の生涯学習体系への移行を背景に，学校教育制度を連続体としてトータルに問題把握しようとする気運が高まると，幼保に関する議論は，次の学校段階である小学校との関係を視野に入れて議論されるようになった。アメリカの有名な教育学者デューイ（John Dewey）は，「教育の過程は，連続的な成長の過程であり，その各段階の目標は成長する能力をさらに増進させることにある」とし，子どもの連続的な発達を保障することの必要性に言及した。こうした理念を実現するための制度とそれを支える理論を構築するためには，幼保の関係を，小学校教育との関わりの中で整理することが必要不可欠な作業となる。

　本章では，小学校との関わりを念頭におきながら，戦前及び戦後における幼保に関する議論とその変容について，また幼保を取り巻く政策の展開過程の特徴について整理する。そして，子どもの調和的・連続的発達の保障を基本に据えた小学校教育への円滑な接続のための幼保の課題について明らかにする。

第1節　幼稚園と保育所の関係の歴史的変遷

1　戦前における幼保に関する議論

⑴　幼保一元化と幼保一体化

　わが国では，明治初期に幼稚園が小学校の一部として，また，貴族的な性格をもった教育機関として誕生した。一方，保育所（戦前は託児所）は，貧困者の社会的救済を目的に人道主義的な私人により設立された。この様に目的を異にする幼保の二元的制度が，わが国では長い間維持され，幼保の間には法制や所轄省庁が異なる等，

様々な違いが存在し，その格差を是正し，子どもたちに差別のない豊かな教育を保障できるよう，幼保を統一することを「幼保一元化」という。幼保一元化の議論は，時代によってその論点も変化してきた。戦前は階層間格差に基づく機会の不平等や機能合理性等から保育の不平等が指摘され，戦後は教育基本法が定める「教育の機会均等」の条項に照らして，その正当性が法制度上問題とされた。

これに対して，「幼保一体化」という用語が登場するのは，1990年代以降のことである。少子化が進行する中で，待機児の増加や地方自治体の財政難，地方分権・規制緩和の推進を背景として，地方自治体においては，同一施設内の幼保の合築，保育行政窓口の一本化，幼保共通カリキュラムの作成及び実践等を行う事例がみられるようになった。このように従来通りのわが国の保育の法制度を維持したまま，自治体レベルにおける幼保の統一を目指した実践を「幼保一体化」という。幼保一体化の実践は，地方分権・規制緩和政策の推進によって更に促進され，2006年に法制化された「認定こども園」の設立につながった。さらに，2015年には「子ども・子育て支援新制度」がスタートし，学校と児童福祉施設の機能を併せ持つ「幼保連携型認定こども園」が内閣府，文部科学省（以下，文科省），厚生労働省（以下，厚労省）管轄で登場し，この施設の充実を図ることで，幼保一体化はさらに推進されることとなった。

(2) 幼稚園令制定と幼保一元化論

わが国で，幼稚園を初めて制度的に位置づけたのは，1872年の「学制」での規定である。幼児のための教育施設が「幼稚小学」という名称で，小学校の一種として制度化され，1876年には，わが国初の幼稚園が東京女子師範学校に開設された。わが国の幼稚園は，フレーベル主義に基づくもので，中流階級以上の子どもを対象とした保育施設であった。その後，1879年に「学制」が廃止されると，

新たに「教育令」が制定され，当初の教育令案では，幼稚園は学校に属するとされたが，成案では学校とは異なる教育機関とされ，学校の枠外に置かれた。それ以降は，学校に近づいたり離れたりを繰り返しながら発展してきたものの，明治末期の幼稚園普及状況は必ずしも順調ではなく，更なる幼稚園の振興を図ることが求められた。こうした動向は，幼稚園令制定のための運動へと発展し，幼稚園に関する初の独立した勅令である「幼稚園令」が1926年に制定されることとなった。この幼稚園令の眼目は，それまで小学校令の中に宿借りしていたものを独立の規定としたことであり，それと同時に，幼稚園が有産階級の幼児のための施設となっていた情勢の中で，下層社会の幼児にも幼稚園を普及させることを狙いとしたことであった。しかし，このことは，何より明治後期から貧困者救済という社会的要請に応える形で発展してきていた託児所との間で，大きな問題として議論される契機となった。

　幼稚園令で，最も注目すべき点は，幼児に対して積極的な幼児教育を行うというよりは，貧困家庭等で幼児が就労の足手まといになる場合に便宜を図るために，幼稚園に託児所としての機能を併せ持つことを公的に認めたことである。ところが，託児を要する勤労者や貧困者の家庭では，幼稚園で保育を受けることは経費の面で難しく，託児所の機能を併せ持つ幼稚園は，幼稚園令が期待していたほど現れなかった。何故，当時の文部省は，実現が難しかった貧困者救済のための託児という社会政策的課題を敢えて幼稚園に負わせようとしたのか。ここに，幼保一元化の議論の内実が含まれている。

　当時，文部省は，第一次世界大戦開始による軍事費増加と，幼児教育に関する科学的研究不足を背景に，文教政策は富国強兵の国策を一層強化するための教育機関の編制をもっぱら審議していた。「護国の精神と実用主義の教育に対し未だ知的にも情緒的にも眼にみえる変化を期待し得ない幼児期に些細な経費をすら負担すること

は（略）不経済行為である」（岡田1960，p.67）とされ，大正デモクラシーの影響を受けていた幼稚園は，尚更，国家の財政支出を受けるには縁遠い存在であった。こうした文部省の消極的姿勢にも関わらず，全国の幼稚園教育関係者は幼児教育の振興のための方策を検討し，この振興策が一つの政治運動となって現れた。それが，1922年の第四十五回帝国議会衆議院に対して行われた幼稚園令制定についての陳情であった。

一方，内務省は，幼稚園令制定への動き以前の1908年に，第一回の感化救済事業講習会を開催した。当時の内務大臣平田東助氏は，貧民救済の最も効果的方法は，生業を授けることであり，このためには足手まといになる乳幼児を保育する必要がある[2]ことに言及し，文部省が労働者家庭に幼稚園の開放を図っていることとは関わりなく，託児を業務の中心とする保育施設の設置を示した。さらに，この趣旨に沿って設置される民間社会事業団体の託児所に対しては，1909年から補助金の交付を開始していた。

また，第一次世界大戦後，労働者の生活は著しく困窮したが，学齢未満の乳幼児を持つ母親は労働が不可能となり，生活難に苦しめられる状況がみられた。1918年に起こった米騒動は，そうした社会不安の増大を象徴しており，内務省は社会不安を未然に防止するための施策として，1920年に社会局を新設し，託児所をはじめとする児童保護に関する政策推進等に乗り出していた。

1923年の関東大震災を契機として，児童保護事業は一層強化されるに至ったが，こうした内務省による保育行政の動向は，幼稚園界に動揺をもたらすこととなった。岡田正章氏は，幼稚園令立案担当者への聞き取りを実施しており，当時の文部省内には「たとえ何ら積極的な指導育成を図っていない幼稚園であっても，これが自己の行政圏から姿を消し，他の行政官庁の所属に変わっていくことは文部省にとっては耐え難い」（岡田1960，p.69）という感情が強

く存在していたことを指摘している。さらに，岡田氏は「とりあえ
ず，幼児を収容する施設をすべて文部省の所管とし得ることを形式
面においてだけでも周知させておく必要に迫られた」と言及してお
り，文部省が幼稚園令で，幼稚園に託児所と等しい機能を持たせよ
うとした真意は，「積極的な幼児教育の振興というよりは，むしろ
極めて消極的なしかし著しく切実な官庁間のセクショナリズム意識
にあった」（岡田1960，p.68）と結論づけている。

　以上のように，初めての幼保一元化の議論は，幼稚園令制定前後
に起こり，その背景には，官庁間のセクショナリズムの問題があっ
た。

(3)　幼保の関係に関する2回目の議論

　1938年に「幼稚園ニ関スル要綱」が教育審議会において採択さ
れた。その審議過程では，幼稚園と託児所の両者を1つにあわせ
ることについて文部省が研究すべきであることが要望され，制度上
の改革が期待された。審議の最終段階では，制度統一の具体的な形
態等について活発な議論が展開され，審議会委員からは，幼稚園と
託児所を一元化させる旨を書き記すよう意見が出された。しかし，
これに対し，文部省関係者からは，一元化させることは容易ではな
いことに加え，教育審議会は文部省の業務に関わることのみを答申
すべきであり，他省の業務に重大な影響を及ぼすことについて言及
することは望ましくないと説明があり，「将来之ヲ一元化スル」と
いう考えを了承しただけで，これを答申文には示さないままに終わ
ったとされる（岡田1970，pp.57-58）。当時は，戦局が拡大す
る中で，幼稚園と託児所は国力増進のための人材開発の幼児版とし
て位置づけられていた。このため，教育的機能においても差別のな
いよう一元化が要請され，一元化するためには絶好の機会であった
のだが，文部当局にその善後策を一任するという形にとどまり，一

元化は実現されることなく，従来どおりとなった。

2 戦後の幼保関係に関する議論と政策展開

(1) 敗戦直後の幼保関係に関する議論

　敗戦直後の幼保一元化に関する議論は，戦後初の議論となった1946年の日本国憲法24条の婚姻に関する条文をめぐる国会審議で，母子保護の観点から出された幼保一元化の提案[3]や1946年の帝国議会衆議院に提出した婦人議員クラブが支持する建議案における幼保一元化[4]であった。これらは，保育施設が婦人の社会進出や社会的活動を支えるための施設としてとらえられ，教育と養護が一体となった保育が平等に提供されるよう一元化すべきだと主張された点に特徴がある。

　また他にも，わが国最大の教育研究団体であった日本教育会（戦前は帝国教育会）が，教育と養護との両機能を持つ保育の平等が確立されるために，年齢による幼保一元化が必要であることを提案したり，1946年8月に内閣に設置された教育刷新委員会では，満四歳以上を文部省の一元的所管にすること，満五歳以上の一年間を義務制とすることという原案が提出されたりした[5]。しかし一元化は見送られ，1947年には学校教育法が制定され，幼稚園は，従来の「家庭教育ヲ補フ」という消極的な目的規定に代わって，学校制度の最初の段階に位置づき，他の学校と同格の教育機関として取り扱われるようになった。一方の託児所は，児童福祉法制定により児童福祉施設の一種として位置づけられ，名称を託児所から「保育所」へと変更され，それぞれの法律を根拠としながら幼保二元制度が確立された。

(2) 幼保二元体制強化と共同通達

　このようにして確立された幼保二元体制は，1951年の児童福祉

法改正で，保育所入所の対象者の枠を限定したことで，より強化されることとなった。

　1960年代の高度経済成長期においては，池田勇人内閣の人づくり政策の流れの中に幼児教育も組み込まれた。1963年9月に文部省は，幼稚園の増設と内的充実を目指した「幼稚園振興七か年計画[6]」を出し，戦後，6・3制の整備に追われ，幼稚園の整備に着手できないでいた文部省が，幼児教育にようやく梃入れすることとなった。同年10月には「幼稚園と保育所との関係について」（以下，共同通知）が文部省と厚生省の共同通知として出され，幼保に関する議論が行われた。この時の議論では，幼保両者の設置目的と機能の違いを確認することに力点がおかれ，保育所の機能のうち幼稚園該当年齢児の教育に関するものは幼稚園教育要領（以下，教育要領）に準じることが明示され，「幼保の保育方法は，教育に関しては幼稚園に即した形での制度上の共通化が図られた」（福元2016，p.140）。このことは，「幼保二元体制を支える行政解釈をカリキュラムという次元で明確化，固定化する契機」（広瀬2003，p.62）となり，その後の保育政策及び保育制度改革の基本に据えられることとなった。

　またこの時期，わが国は池田内閣が推進した国民所得倍増計画等により，高度経済成長を経て，全体的な家庭の所得の増加が見られ，生活水準も向上する等，幼保の階層間格差は次第に緩和されていくこととなった。

(3)　1970年代の一元化論

　1970年代は，幼保に関する議論が最も高揚した時期で，政府関係機関や保育関係団体以外にも労働組合や政党等も議論に加わったことが特徴であるが，とりわけ注目すべき議論は，1971年の中央教育審議会（以下，中教審）最終答申の際の議論である。本答申で

は，幼稚園と同等の設備条件をもつ保育所が，幼稚園としての地位を併せ持つべきだという主張，いわゆる「二枚看板論」の提示をした。このことは，幼稚園の優位性を強調する形となり，それ故，中央児童福祉審議会（以下，中児審）との間で対立を招くこととなった。

中児審は，二枚看板論に対し，現行制度のもとで保育所に幼稚園としての地位をあわせもたせたとすれば，養教一体としての長時間にわたる望ましい保育の機能がむしろそこなわれ，好ましい保育内容が行えなくなると言及し，児童福祉の観点から二枚看板は好ましくないと反対した。

他にも，日本教職員組合教育制度検討委員会が「保育」思想の確立と「保育」概念の再構築を通して，子どもの発達権と保母の諸権利と母親の権利の同時保障の実現を理論的に主張した幼保一元化論や日本保育協会や自民党の「保育基本法」案，新自由クラブの年齢区分による幼保一元化案，日本社会党の幼保両施設を「幼児園」に統合する案等が出された。中教審答申を契機とした幼保一元化論の再燃は，1970年代後半には，さらに議論の広がりを見せることとなった。また，幼保一元化論は，研究者らによっても盛んに議論が展開された。

その後も行政管理庁が1975年に出した「幼児の保育及び教育に関する行政監察結果に基づく勧告」で，幼保間の地域的偏在や混同的運営，就園率の格差等が数量的データで示され，幼保の関係が議論されたが，一元化実現のための改革は進まなかった。

⑷ 幼保一元化から幼保小連携・接続への指向

1980年代後半，学校教育制度を連続体としてトータルに問題把握しようとする気運が高まると，幼保に関する議論は，教育内容の共通性を土台として，次の学校段階である小学校との関係を視野に

入れて議論されるようになった。1984年の衆議院予算委員会，1987年の臨時教育審議会（以下，臨教審）による教育改革に関する第三次答申等においては，幼保一元化の実現を図るよりも二元体制の維持が強調され，幼保一元化の問題はトーンダウンする様相を見せた。その一方で1981年の文部省の懇談会報告や先の臨教審第三次答申では，新たに幼保と小学校（以下，幼保小）との連携の必要性を打ち出した。

　こうした動向は，1989年の教育要領改訂にも大きな影響を与えた。幼稚園教育は「環境を通して行うもの」と明記され，教科書中心の小学校教育とは異なる保育の独自性を示した。また「遊びを通しての指導を中心」とする文言が加えられ，自発的な活動である遊びは幼児の学習であると積極的にみなすことを幼児期と児童期の教育をつなぐ際の方法論的根拠として見出していったのである（福元2016，p.142）。さらに，小学校学習指導要領（以下，学習指導要領）改訂でもその方法論は反映され，小学校低学年には「生活科」が新設された。児童の遊びが学習活動に位置づけられたことで，幼児期の保育方法から低学年の教育方法への連続性が意識されることとなった。保育の独自性を維持したまま小学校教育と接続する，すなわち，分けることとつなぐことを同時に目指す方向性が示され，全国的な接続期カリキュラム作成・実践の推進へとつながった。

第2節　幼保関係の変容と自治体の実践

1　幼保関係の変容と幼保一体化

⑴　少子化と待機児童問題による幼保関係の変容

　1989年にわが国の合計特殊出生率が過去最低の1.57（1.57ショック）となったことは，従来の保育の仕組みに見直しと改革を迫ることとなった。当時，地方自治体では，少子化，自治体財政の逼迫，地方分権化の進行を背景とした幼保の合築，さらには，合同で

教育活動を実施する等，一体的運営の事例がすでに見られていた。

　こうした状況に鑑みて，文部省は1997年「時代の変化に対応した今後の幼稚園教育の在り方について」最終報告の「幼稚園と保育所の在り方について」の中で，地域の実情に合わせて推進すること，幼児教育の更なる共通化と保育者の合同研究，両施設間の交流，さらに活動内容の共通化を一層拡大する必要性に言及した。

　また，乳幼児人口が減少した多くの自治体では，子育て支援策の一つとして，また一方では幼稚園の存続をかけた預かり保育の推進に乗り出し，結果として，幼稚園の"保育所化"という傾向を招き，幼保間の垣根は低くなり，幼保の役割や機能の違いが明確ではなくなる現象を生み出した。

　他方で，都市部を中心に保育所の待機児が増加するというアンバランスな状況は政治課題ともなり，政府は"待機児童ゼロ作戦"（2001年）を打ち出し，保育を質・量ともに充実・強化することとなった。

(2)　地方分権・規制緩和から地方自治体における幼保一体化へ

　1990年以降は，文部省及び厚生省といった幼保の所管官庁を超え，地方分権，規制緩和，行政改革といった，いわゆる"構造改革"と連動した幼保一体化政策が展開され，地方自治体における実践が徐々に増え始めるのが特徴である。

　1996年「地方分権推進委員会」第一次勧告は，幼保の連携強化，施設の共用化等，弾力的な運営を求め，これを受けた文部・厚生両省は1998年に「幼稚園と保育所の施設の共用化等に関する指針について」を通知した。本指針では，幼保の合築，併設，同一敷地内設置等による共用化の際の保育所最低基準や幼稚園設置基準等の取り扱いについて示し，これを契機に，自治体における幼保においては，保育実施の上で支障がない限り，その施設や設備の共用化が

大きく推進された。文科省の幼児教育実態調査によると，2000年の共用化施設数は公私併せて161で，2004年にはその約2倍となり，認定こども園がスタートした2006年以降も増加を続けた。

　2001年に誕生した小泉内閣は，官の関与が強いサービス分野の民間開放を促進し，多様なサービスの提供を可能とする新自由主義的構造改革を推進した。保育制度においても「民営化→営利化→市場化」の流れに沿った見直しを迫られ，政治課題となっていた待機児対策は，この流れの中に組み込まれる形で解決が目指された。このことは，「今後の経済財政運営及び経済社会の構造改革の基本方針2001（骨太方針第1弾）」（2001.6.26）の中に「待機児童ゼロ作戦」が盛り込まれたことからも明白であり，公立保育所の公設民営方式や民間移管等の政策が展開された。幼保の在り方についても，経済的効率の視点からの共用化や一体化が推進され，その実現を阻む様々な規制は，次々と廃止・緩和される措置が取られた。これらの議論の過程で，突如として幼保一元化が地方分権改革推進会議の「事務・事業の在り方に関する意見」（2002.10.30）で登場した。この会議は，幼保一元化推進の理由に加え，一元化実現のためには，児童福祉法等にまで踏み込んだ保育所運営の見直しや保育所運営費負担金等の国による補助金の一般財源化等も検討すべきだと主張し，保育所制度の抜本的見直しを迫る形となった。

　次に幼保一元化が取り上げられたのは，総合規制改革会議「規制改革推進のためのアクションプラン」及び「規制改革を加速的に推進する『12の重点検討事項』」（2003.2.17）においてである。幼保については，単に両者の併設と連携の推進にとどまらない，「幼児教育・保育サービスを総合的に提供する機関」として，同一の設置主体・施設・職員による運営が可能な幼保一元化の実現のため，調理室の設置義務廃止等の施設設備基準の統一，資格・配置基準や入所（園）対象の統一等の制度統一を実施することが示された。そ

の後，再び，幼保一元化が浮上したのは，総合規制改革会議第5回アクションプラン実行委員会（2003.4.9）においてであったが，文科省及び厚労省側は，幼保はそれぞれ異なる機能・役割がある故，制度統一（一元化）は困難で，運用の改善により，両者の連携強化を推進することで一体的な運営は可能となると反対した。その後も総合規制改革会議・地方分権改革推進会議と文科省・厚労省との綱引きは続いたが，最終的には，閣議決定された「経済財政運営と構造改革に関する基本方針2003」（2003.6.27）において，地域のニーズに応じ，就学前の教育・保育を一体としてとらえた一貫した総合施設の設置を可能とすることが示された。総合施設は，2006年度から認定こども園として発足し，2012年，学校と児童福祉施設の機能を併せ持つ「幼保連携型認定こども園」の登場へとつながった。なお，地方分権及び規制緩和政策から誕生した認定こども園制度ではあったが，「幼保連携型認定こども園教育・保育要領」では，小学校教育との円滑な接続の必要性が明示され，既存の幼保同様，小学校教育との接続が推進されている。

2　地方自治体における実践

　わが国では，認定こども園制度が誕生する以前から幼保一体化の実践はすでに見られていた。(1)では地方自治体，自園内で実施された先導的事例について，(2)では規制緩和政策や幼保施設・設備の共用化推進以降に実施された幼保一体化について紹介する。

(1)　1990年代までの実践

　地方自治体レベルの一元化（幼保一体化）の実践に一早く取り組んだ多聞台方式（神戸市垂水区：1967年開設）は，就学を念頭においた教育の機会均等を発足の理念とし，保育所5歳児が幼稚園に通う形式で，幼稚園5歳児との合同保育を実施した事例である。

　また，あまだのみや幼児園（大阪府交野市：1972年開設）も，多聞台方式と同様のタイプの一体化施設（交野方式）で，幼稚園児を短時間児，保育所児を長時間児と称して区別したことを除き，発足の理念も保育形態も多聞台方式と同様であった[7]。中でも注目すべきは，合同保育の部分を中心とした保育・教育カリキュラム（以下，共通カリキュラム）を作成している点である。教育の機会均等を目指す合同保育にあっては，幼保の区別を排除した保育の提供が求められる。そのため，子どもが何をどのように経験し，学ぶのかを示すカリキュラムの存在は，保育者の合同保育への認識を高める手段の一つとして重要な意義がある。

　さらに，筆者がインタビュー調査を実施した幼保一体化施設である仙石原幼児学園（箱根町：2003年）の実践も，開所以前から町内の各幼保において共通カリキュラムによる教育の機会均等を目指した事例である[8]。

　多聞台式においては，幼保間の保育者の意識や連携の点で多くの課題を抱え，多聞台方式を廃し，それ以降は共通カリキュラムを策定した上で幼保が別々に保育を実施した事実があったものの，これら事例に共通する特徴は，就学を念頭においた教育の機会均等の保障を目指した点と共通カリキュラムの存在である。就学を念頭におく保育の実践においては，幼児を送り出す幼保の側と受け入れる小学校の側の両者にとって，子どもの発達を見るための共通の指標が必要となる。幼保共通のカリキュラムは，その指標の役割を担い，小学校への円滑な移行を実現する手段の一つとなっていたといえる。

　他にも，「保育一元化」を理念に，二元化された保育制度を根底から変革し，新しい保育体制の創造を自園内の幼保一体化によって目指し，注目を集めた北須磨保育センター（神戸市須磨区：1969年開設）の実践，幼児の教育と福祉の機会均等の理念から，行政窓口を教育委員会に一元化し，共通カリキュラムのもとで幼保の合同

保育をする直島幼児学園（香川県直島町：1974 年開設）の実践，
年齢区分を採用したいずみ方式（東京都千代田区：1988 年開設）
による実践等がある。

(2) 1990 年代以降の社会的要請を背景とした実践

　少子化の進行と都市部における待機児の増加，自治体の財政難等
を背景としながら，地方分権・規制緩和政策により幼保一体化の実
践が増加するのが 1990 年代以降の特徴である。

　地方分権・規制緩和政策を受けて，様々なタイプの幼保一体化施
設の設置が進み，民間企業の保育サービスへの参入は大きな注目を
集めた。私立幼稚園の隣地に，1 歳から 5 歳児を対象に保育サービ
スをベネッセコーポレーションが提供した事例は，幼稚園をベース
にした一種の一体化であった。同様のタイプは，待機児童の計画的
な解消を狙いとした横浜市の実践（横浜保育室）にもみられた。そ
の他，少子化による乳幼児人口の減少と財政難を背景に，公立保育
所の民営化を契機に幼保を一体化した佐賀県有田町の事例，同様の
背景から幼稚園の空き教室に保育所を併設した神奈川県秦野市，幼
稚園と保育所の老朽化と少子化により集団保育が困難となった背景
から，建て替えを機に新園舎を合築した宮城県高清水町の事例等が
ある。

　幼保一体化施設に至る事情は自治体により様々だが，1996 年の
地方分権推進委員会の勧告は，その後の幼保一体化の拠り所となっ
た。小泉内閣の誕生による新自由主義的構造改革は，保育の領域に
おいて，経済効率の視点からの民間開放と規制の廃止・緩和措置を
伴いながら，保育制度の変革を加速度的に進め，幼保施設の共用化
や一体化を促進した。こうした実践は，後の認定こども園制度設立
の土台となり，幼保一体化施設の多くは，認定こども園に移行して
いくこととなった。

おわりに―今後の課題と展望

　戦前及び戦後の幼保関係に関する議論や政策の展開を概観すると，戦前においては，幼稚園は法制度上，小学校に接近したり，離れたりしながら，保育所との間では階層間格差に基づく機会の不平等などが指摘された。戦後においては幼保二元体制が確立・強化されたが，その一方で，教育の機会均等を背景に幼児教育部分の共通化が確立し，教育的な側面における幼保の関係は対立から歩み寄る関係へと変容した。その後の幼保関係を巡る政策は，その展開過程で大きく2つの道筋を作ったといえる。一つは，保育所が，幼児教育部分の共通化を拠り所に，連続的な発達保障の観点から幼稚園が小学校とつながる流れに合流し，幼保小接続を推進してきた道筋である。もう一つは，幼児教育部分の共通化と施設設備の共用化政策を拠り所に，規制緩和を追い風にした幼保一体化施設（認定こども園）を生み出した道筋である。しかし，最終的には，認定こども園のカリキュラムは幼保との整合性が図られ，小学校との接続についても明示されたことを契機に，もう一つの幼保小接続を推進する道筋に合流することとなった。

　3歳以上における幼児教育部分の共通化は，子どもが異なる保育施設に在籍していても，一定以上の質を担保した幼児教育を提供することを可能とし，民主主義教育の根本的原則とされる教育の機会均等を保障することにつながるものである。保育が施設中心の考え方から脱却し，子どもの調和的・連続的な発達を保障することの意義は大きいといえる。

　一方で，今後の課題についても言及したい。周知のとおり，3歳以上における幼児教育部分の共通化には，保育が対象とする乳幼児の発達の特性から，保育の原則の一つとして大事にしてきた養護的な視点は含まれていない。どの保育施設の子どもにおいても，保育

が乳幼児を対象とする以上，保育者の養護的視点からの援助や関わりは必要不可欠である。このことは，保育施設で様々な経験を通して学んできた幼児を受け入れる小学校の側の教員においても同様である。保育所保育指針には，養護とは「生命の保持及び情緒の安定を図るための保育士等が行う援助や関わり」と示されている。生命の保持については，保育施設においても小学校においても必要不可欠なものであるし，とりわけ入学当初，教科の学習に移行する準備段階における子どもの情緒の安定は，主体的な活動や学習の土台となるものである。時期により養護的な援助や関わりには，濃淡はあるものの，子どもの連続的な発達を保障する重要な側面であるといえる。

　今後は，全ての子どもの調和的・連続的な発達保障を実現するため，教育的側面だけではない，養護的側面を含めた両側面からの保育者及び教員の子どもへの援助や関わりを基本に据えた接続期カリキュラムの作成が求められる。

【註】

1　デューイ（2009）『民主主義と教育（上）』松野安男訳，岩波書店，p.93
　　清水一彦氏も子どもの連続的発達の必要性について「異なる学校段階を通過していく生徒は，同じ一つの生命体である。（略）その発達は，（略）常に累積的，連続的（略）それゆえ，生徒の移行の際には，この同じ一つの生命の連続的発達がめざされなければならない」と言及し，デューイと同様の指摘を行っている。
2　文部省（1979）『幼稚園教育百年史』ひかりのくに，p.135
　　岡田正章（1970）『保育学講座3　日本の保育制度』フレーベル館，p.28
3　法令，審議会答申，幼保に関する議論は，主に次の資料による。
　　①岡田正章（1970）前掲書，pp.94-97
　　②竹内通夫（1981）『現代幼児教育論史』風媒社，pp.191-278

　　③文部省（1979）『幼稚園教育百年史』ひかりのくに

4　岡田正章（1970）前掲書，pp.98-101

5　当時の記録がないため，岡田正章氏の速記事録を参考にした。

　　岡田正章（1970）前掲書，pp.110-118

6　「幼稚園振興七か年計画（1963.9.12）」は以下の資料に掲載。

　　池田祥子 / 友松諦道編（1997）『戦後保育50年史―証言と未来予測―第
四巻　保育制度改革構想』栄光教育文化研究所，pp.155-156

7　当初は1年保育であったが，1997年度以降は2年保育を実施。岡田正章
（1985）『保育所制度の課題　保育所・幼稚園の在り方』ぎょうせい，吉田
正幸（2002）『保育所と幼稚園～統合の試みを探る』フレーベル館，
pp.130-132

8　梨子千代美（2005）「就学前教育と小学校教育との接続問題に関する一考
察―箱根町の幼児学園の実践を通して―」『日本保育学会論文集』日本保育
学会，pp.748-749

9　吉田正幸（2002）『保育所と幼稚園～統合の試みを探る』フレーベル館，
pp.130-136

【その他の参考文献一覧】

網野武博（2016）「第11章　保育制度の変化と保育政策」日本保育学会『保
育学講座①保育学とは―問いと成り立ち』東京大学出版会

岡田正章（1960）「幼稚園令成立事由の一考察―大正保育史研究序説―」『東
京都立大学人文学報第22号』

汐見稔幸（2008）「第4章　日本の幼児教育・保育改革のゆくえ　保育の質・
専門性を問う知的教育」泉千勢 / 一見真理子 / 汐見稔幸編『未来への学力と
日本の教育⑨世界の幼児教育・保育改革と学力』明石書店

広瀬義徳（2003）「第6章　幼保一元化」『教育と人権』紫峰図書

福元真由美（2016）「第5章　保育実践と保育方法の展開」日本保育学会『保
育学講座①保育学とは―問いと成り立ち』東京大学出版会

保育小辞典編集委員会（2006）『保育小辞典』大月書店

無藤隆（2018）『平成29年告示幼稚園教育要領 保育所保育指針 幼保連携型
認定こども園教育・保育要領3法令改訂（定）の要点とこれからの保育』

チャイルド本社

文部科学省「平成 26 年度幼児教育実態調査」
　https://www.mext.go.jp/b_menu/houdou/27/10/__icsFiles/afieldfi
　le/2015/10/28/1363377_01_1.pdf（アクセス日：2020.7.1）

OECD 編（2019）『OECD 保育の質向上白書 人生の始まりこそ力強く：
　ECEC のツールボックス』秋田喜代美 / 阿部真美子 / 一見真理子 / 門田理世
　/ 北村友人 / 鈴木正敏 / 星三和子訳，明石書店

OECD 2017 *"Starting Strong V : Transitions from Early Childhood
Education and Care to Primary Education"* OECD Paris

第3章

幼稚園・保育所と小学校の
接続の課題と展望

藤井 穂高 （筑波大学）

はじめに

　幼稚園・保育所（認定こども園も含む）と小学校の接続の課題は
2つに大別することができる。1つは，両者をどうつなぐかという
問いに応えることであり，学校間の連携という課題である。わが国
ではそれが「小1プロブレム」という特異な形で表れたが，「なめ
らかな接続」などが，その具体的な対応の例となる。一方，学校間
の接続には，両者をどう分けるか，というもう1つの課題もある。
わが国の場合，就学開始年齢は満6歳であり（学校教育法17条），
学齢に達しない子は小学校に入学させることはできないなど（同法
36条），両者は截然と区別されているため，どう分けるかという
問いが生じにくい。

　しかし諸外国に目を転じてみるならば，たとえば後に触れるイギ
リスでは，幼年期（4歳から8歳）の学校の区切り方は多様である。
小学校の6年間は5，6歳を対象とする2年間の幼児部と4年間の
下級部に分かれ，6年一貫の学校の他に，幼児部が幼児学校として
単独で設置されていたり，幼児学校が保育学級を付設していたりと，
多様な設置形態が可能である。こうした制度的な多様性が現実にあ
る国では，それだけ就学前施設から小学校までの一定の期間をどう
分けるか，そして，なぜそうするのかが問われることになる。

　学校間の接続は，教育制度論で言うところのアーティキュレーシ

ョンの課題となるが，アーティキュレーションが「分節化」と訳されるように，そこにはいかに分けるかという論点が含まれている。教育制度が体系性を有する限り，分けることとつなぐことは表裏の関係になるはずである。

　そこで本章では，最初に，わが国の議論を参照して，保幼と小をどうつなぐか，という課題を検討する。次に，イギリス，特にウェールズの施策と議論を参照して，両者をどう分けるか，という課題を検討する。

第1節　保幼と小をどうつなぐか―保幼小の連携―

1　「小1プロブレム」という問題構成の問題

　わが国では，幼稚園・保育所と小学校は，長い間，「棲み分け」てきたといってよいだろう。たとえば，1997（平成9）年10月号の『幼稚園じほう』誌を見てみよう。特集は「幼稚園教育と小学校教育の連続性」である。その中で，中野（1997）は，「およそ十年ほど前までは，両者の関係は，それぞれに特色があり，我が道を行くというニュアンスが強かった。」として，こうした「両者の隔たりが，……幼稚園教育の独自性と特色を確立してきたことは，大いに評価すべき事柄であろう。」として幼稚園と小学校の隔たりをむしろ評価している。その一方で，平成元年の学習指導要領及び幼稚園教育要領の改訂について触れ，「ここでは，これまでにあって初めて，幼稚園から小・中・高等学校まで，一貫した改訂がなされたのである。幼稚園と小学校の教育課程が，その関連と発展を考えて，同時に改訂されたのは，明治以降の長い歴史の中にあって最初である。この意味において平成元年の改訂は，わが国の幼稚園教育史上，また小学校教育史にあって画期的なことであったといってよい。それは，これまでの長い間の幼稚園と小学校ではなく，幼稚園から小学校への発想の転換を意味していたのである。」と述べて

いる。その上で，幼小の連携を図る際に，「幼稚園においては，
……幼児期にふさわしい教育を十分に行うことが小学校教育との接
続を図る上で最も大切なことであり，いたずらに小学校の教科内容
に類似した指導を行うことのないようにしなければならない。」と
指摘するとともに，「幼児期にふさわしい教育を十分に行うことが
小学校教育との接続を図る上で最も大切なこと」であると再度強調
している（中野 1997：6-12）。

　ところが，「小１プロブレム」の発生で，状況は一変する。「小１
プロブレム」の名付け親とも目される新保真紀子によると，最も初
期にこの問題を提起した大阪府人権・同和教育研究協議会（大同
教）で研究が開始されたのは 1998（平成 10）年のことである。
いわゆる小１問題（プロブレム）とは，小学校１年生の学級で，
児童が教員の指示に従わず，歩き回るなどして，授業が成立しない
状態を指す。「明治の『学制』（明治五年）以来一二七年もの小学校
の歴史の中で，一年生の授業が不成立になり，『学級崩壊』に至っ
た経験など持ったことがない」（尾木 1999:4, 32, 48）などと騒
ぎたてられ，その原因について，「幼稚園教育が子どもを自由に遊
ばせているからだ」などと言われた。

　その後，「小１プロブレム」への対応の一環として，幼小連携論
が出てくる。たとえば，文部科学省の研究開発指定の成果である，
秋田喜代美・東京都中央区立有馬幼稚園・小学校（2002），滋賀
大学教育学部附属幼稚園（2004），佐々木宏子・鳴門教育大学附
属幼稚園（2004），お茶の水女子大学附属幼稚園・小学校（2006）
などがそれである。いずれにおいても，学校段階間の段差を問題と
し，カリキュラム上で「なめらかな接続」をいかに実現するかを課
題とする。滋賀大学教育学部附属幼稚園（2004）では，小１プロ
ブレムの原因は幼稚園にありとする小学校教員と「そんなに机やい
すが大事なのか」と豪語する幼稚園教員との「大バトル大会」が記

録されている（2004:82-94）。

2 小中連携の成果から学ぶ

　こうしたバトルは興味深いともいえるが，まず，小中間の取り組みの成果から，連携の意義を確認しておきたい。小中も同時期に「中１ギャップ」が問題となり，様々な実践的研究がおこなわれている。なかでも2000（平成12）年に文部科学省の研究開発学校の指定を受け，6年間にわたる実践研究の過程と成果をまとめた広島県呉市の3校（五番町小学校・二河小学校・二河中学校）の研究成果はその代表例とみることができる（広島県呉市立五番町小学校・二河小学校・二河中学校 2005）。

　同校の研究開発課題は「豊かな人間性と自立心の育成を目指し，児童生徒の発達に即した小中学校を一貫した教育課程・指導方法及び研究システム・評価の開発」であり，①生きる力の基礎となる学力の確実な定着（自ら学び考える力の育成），②自立心を育む生徒指導の充実（人間関係の力の育成），③自己の生き方を考える進路指導の充実（生き方を追究する力の育成）の3つの柱を立てている。

　監修者の天笠茂によると，当初は，小学校と中学校の間に制度的・心理的な"壁"や組織文化の違いがあり，「研究開発は，これら阻害要因を3校の教職員が連携を図りながら克服を図る取り組みであった」。すなわち，「"4・3・2カリキュラム"は，それぞれが持っていた組織文化の違いを乗り越え，新たな学校文化・教員文化の創造を3校の教職員に迫る過程を通して誕生をみたものである。」（2005：ⅰ）

　象徴的な例を取り上げてみよう。研究開発に取り組む前の3校では，小中連携として，地区の研修会を年1回ほど組み，小学校6年生について情報交換する程度であった。小学校の職員室では，中学生の言動について，「あの子が問題行動を起こすのは，中学校の

指導に問題があるんだ。あの子はいい子だったのに，中学校に行ってから変わった。中学校の先生たちは何をしているんだ」という声が聞かれ，中学校の職員室では，「小学校の先生は何を教えてきたんだ。きちんと指導してもらわないと困るんだ」という不平・不満の声が上がっていた（2005：7）。あるいは，中学校の職員室では，「この学年は宿題などの勉強をしてこない。聞けば小学校では宿題が日記だけという学級があった。学習習慣を小学校はつけていない。」「言葉遣いが悪い。小学校でしつけができていないから，こうなるんだ」。一方，小学校の職員室では，「中学校はどういう指導をしているんかね。小学校のときにはちゃんとしていたのに」「小学校のときには私の言うことをちゃんと聞いていたのに，どうして中学校の先生は言うことを聞かさないのか」（2005：139）。どの学校においても聞くことのできそうな声である。

　それが，研究開発を通して意識の変容が生じる。たとえば，小学校の卒業式。「今までの卒業式では，『これで終わりだ。ひとつの仕事が済んだ』と思ったけれど，今は，そう感じない。子どもたちがどう成長するのか，見届けなければならないと思う。」（2005：154）。あるいは，小学校の放課後の校庭での場面。「時々，中学生がやってきてボール遊びをすることがある。教育研究が始まる前であれば，中学校に電話して，生徒指導の教師に『小学校の校庭は小学生が遊ぶところで君たちが遊ぶところではない』と連れ帰ってもらっただろう。今は，『小学生と一緒に遊んでやってくれよ。片付けも頼むよ』と声をかけて，温かい思いで見つめている。」（2005：161）

　以前は，異校種の児童生徒は校区であってもよその学校の子どものような扱いをしていたのが，「いずれ中学校に上がってくる私たちの学校の小学生」「小学校から中学校に学習の場を移した私たちの学校の中学生」というように児童生徒を見る目も変容している

（2005：161）。こうした教員間の意識変容が起これば，小中の連携の意義が理解されたとみることができよう。

3　必然性のある連携

　次に，現象面での対症療法にとどまらない幼小連携論を取り上げておきたい。その1つが東京都中央区立有馬幼稚園・小学校の取組である（秋田喜代美・東京都中央区立有馬幼稚園・小学校2002）。この著書では，教育内容のつながり，学び方のつながり，地域社会のつながりを3つの柱として，幼稚園から小学校までの9年間の連続性を見据えたカリキュラム作りの成果がまとめられている。

　その研究に関わった秋田喜代美のまとめが興味深い。たとえば，なぜ幼小連携なのかについて，滑らかな接続は単に段差をすべて取り除けはよいというものではなく，また，教師にとって都合よく子どもの発達や学びが進むための方策としてだけでもなく，「その根底に子どもをより長い目ではぐくんでいくためのつなぐ目と，各時期の子どもへのより意味のある豊かな経験の保障が求められます」と述べている。また，幼稚園の教師からの「研究開発学校ということで画期的な何か大きなことをしなければならないと思うのだか，こうした実践はこれまでの保育と大きく変わらないのでは」との質問に対し，「一見，同じように見える古いものを新しい目，見方で見ていくこと，つないでいくことによって意味づけていることが大切なのではないでしょうか」と答えるとともに「幼小連携のための連携ではなく，園児にとってくらしや遊びを豊かにするため，小学生にとって学びを深めるための必然性の中にある連携とその研究を展開することにした」と説明している（2002：11, 16-17）。近年では全国各地で取り組まれている幼小連携であるが，ともすれば「連携のための連携」になってしまう場合もある。そうしたなかで，

実践を通して連携の理念とデザインを考えていった同幼稚園・小学校の取組は傾聴に値するように思われる。

4　豊かな学び

　他方，こうした連携の取り組みとは別に，保幼と小の接続を考えることもできる。戸田（2004）の論考を取り上げて考えてみたい。戸田（2004）は，幼児期の「学び」と小学校以降の「学び」との連続性はどのようにとらえうるのかとの問いを立てる。そして，素材として小学校2年生の国語の教科書に出てくる『お手紙』（アーノルド＝ローベル作）という教材を取り上げる。がまくんとかえるくんの友情を中心に展開する物語は，人形劇にして表現することになっている。その学びと幼稚園の学びの連続性については，絵本や童話などの読み聞かせや劇的な表現による学びと連続するとともに，「もっと深いところ」でつながる学びもある。

　その事例は次の通りである。4歳のA児がB児に「Bちゃんがいやだ」といったことに対して，教員は「いやだではBちゃんにはわからない」といい，A児は「Bちゃんはしつこいからいやだ」というものの，「Bちゃんがいやだ」と「しつこいからいやだ」は同じだと言い張る。ところがそのうちに，A児は突然「おかあさんは男は泣くなって」などと，日頃つらいと思っていたことを大泣きしながら話し始める。そして，教師とともにB児もA児の話を聞き続ける。A児はすっかり話してしまうと「もうしつこくしないでね」と言ってB児と遊びに戻っていく。

　「この事例で，A児は，B児のしつこいところがいやだと主張している。しかし，もしB児がしつこくなかったら，教師と一緒にA児の話を聞き続けてはいなかったに違いない。しつこいからいやだと感じるもの事実に違いないが，しつこいからこそうれしかったり，何があっても一緒に聞いてくれたりすることもまた事実なので

ある。そこにも『友達』というものの真実を『学ぶ』機会があり，そのことの大切さを理解しつつ援助する『教育』がある。」（2004：17）

　がまくんとかえるくんの友情を理解し，表現するためには，こうした幼児期における深い「学び」が生かされると戸田は考える。

　戸田は，小学校教育に対しても，『お手紙』という文学教材を，「読みの練習のように読ませることで終わらせてしまったり，『かわいそうだと思った』とか『やさしいと思った』というような紋切り型の感想を求めるだけだとしたら，文学の世界へと展開する豊かな『学び』は期待できないだろう」（2004：18）と注文をつけているが，それはそれとして，戸田の述べるような「豊かな学び」は，小1プロブレムの有無にかかわらない，幼児教育と小学校教育の本来的な接続の可能性を示しているようにみえる。

第2節　保幼と小をどう分けるか

1　わが国の幼年学校構想

　保幼と小の接続のもう1つの課題である，両者をどう分けるか，という課題の検討に移りたい。

　通史をひもとけば明らかなように（池田・友松編 1997，竹内 1981），わが国においても幼小の関係は，学制改革論議の際に必ずと言ってよいほど俎上に載せられてきた。なかでもいわゆる四六答申の時代は，今日との比較の観点からも注目される。1971（昭和46）年の中教審答申「今後における学校教育の総合的な拡充整備のための基本的施策について」のなかで，4，5歳児から小学校の低学年の児童までを同じ教育機関で一貫した教育を行う先導的試行や，市町村に対する公立幼稚園の設置義務案が盛り込まれたことから，幼年学校構想や5歳児就園義務化論の是非をめぐり，活発な議論が交わされた。このなかで，抜本的な教育改革論の一環とし

て，幼児教育改革論や幼年期教育構想が成果としてまとめられている（現代幼年期教育研究会 1969，持田 1972 など）。しかし，その後のわが国の教育政策の展開において，幼年学校構想のような，保幼と小の壁を超えることを企図した施策は提起されておらず，それに伴う研究も進んでいるとはいいがたい。そこでここでは，イギリス（特にウェールズ）に素材を求め，保幼小をどう分けるか，という課題を検討したい。

2　ウェールズの「基礎段階」

「はじめに」で述べたように，イギリスの小学校の 6 年間は 5，6 歳を対象とする 2 年間の幼児部と 4 年間の下級部に分かれ，6 年一貫の小学校の他に，幼児部が幼児学校として単独で設置されていたり，幼児学校が保育学級を付設していたりと多様な形態をとることが可能である。また，小学校は 5 歳から始まり，多くの子どもたちは 4 歳から小学校に付設されるレセプションクラスに通っている。

　ここではイギリスの中でも特にウェールズの改革に着目したい。というのも，ウェールズでは，2008 年から，従来の基礎ステージ（3 〜 5 歳）とキーステージ 1（5 〜 7 歳，小学校第 1，2 学年）を統合し，3 〜 7 歳児を対象とする「基礎段階」（Foundation Phase）を導入しており，しかも，それにより幼児教育の原則を小学校にまで拡張する改革が進められたからである。

　基礎段階の創設はウェールズ政府の旗艦政策（flagship policy）であったが（Davies R. et al. 2013：ii），この施策が始めて登場するのは，ウェールズ政府が独自の教育政策方針を打ち出した政策文書「学習する国」（Learning Country，2000）においてである。同文書は，今後の教育政策の基本方針として，グローバル化した市場の挑戦への対応や社会的不利の克服などを掲げたうえ

で，初等教育改革として，読み書きと計算能力の水準の向上などとともに，基礎段階の創設を挙げている（The National Assembly of Wales 2001：19-20）。

　2003年にはその政府原案が発表され，基礎段階においては「幼児期の原則と実践をキーステージ１に適用する」ことが明示される。それによると，相当数のリサーチ・エビデンスは，子どもたちが広範囲にわたるフォーマルな学校教育を効果的に学ぶことができるのは，社会的認知的発達に従って，6，7歳になってからであると示唆している。ところが，現行の全国共通カリキュラムは5歳の子どもたちから適用されており，子どもたちはよく計画された遊びを基盤とした活動を通して学ぶというよりも，座っていることにあまりにも多くの時間を費やしている。このため，基礎段階の導入により，子どもたちに適切なカリキュラムを受ける一層多くの時間を与え，将来の学習のための堅固な基礎となる重要な技能と態度を獲得できるよう援助することが企図されているのである（The National Assembly of Wales 2003：7,14）。

　基礎段階に関する法律（No.1732（W.169））は2008年に成立し，同年にはウェールズ政府からその「フレームワーク」が示される。この中で「カリキュラム・フレームワーク」として重視されている考え方は，カリキュラム・フレームワークの中心に子どもたちのホリスティックな発達を位置づけること，子どもたちが学ぶのは直接経験，「真剣な仕事」としての遊びを通してであること，カリキュラムは年齢ごとに到達すべき成果にのみ焦点を当てるよりも，子どもの学びの段階に適したものであるべきこと，楽しく，刺激に富み，安全な屋内及び屋外環境が子どもたちの発達と自然の好奇心を助長することなどの点である。また，「学びと教育へのアプローチ」としては，子ども主導の活動を通した構造化された学びと保育者・教員主導の活動のバランスをとるべきこと，活動的な学びが子

どもたちの発達を高め広げること，保育者・教員が発達にふさわしい活動を行えるように基礎段階のカリキュラムは柔軟なものであるべきことなどが示されている（Department for Children, Education, Lifelong Learning and Skills 2008：4-6）。

3　幼年期の教育におけるせめぎあい

　もともとイギリスでは，就学前の保育を家庭の仕事と考える傾向が強く，アメリカやドイツのように幼稚園が発展しなかったことと相俟って，小学校の幼児部あるいは幼児学校が就学前の子どもたちの受け入れ先となっていた（水野 1983，ワイトブレッド 1992）。しかも，2010 年以降，イギリス政府は，幼児期の重要性に焦点を当てた調査を度々依頼しているが（Field F. 2010, Allen G. 2011, Tickell C. 2011），そうした報告書が共通に重視していたのは「学校レディネス」である。この場合のレディネスは，学習及び生活の規律のルーティーンの確立や読み書き能力のことを指している。たとえば，教育水準局（Ofsted）のウィルショー主任勅任視学官は，同局が幼児期をテーマとする報告書を公表した日に講演を行い，「学校レディネス」として最低限求められることとして次のチェックリストを挙げている。静かに座って話を聞く，他の子どもに気づく，「いけない」という言葉と行動の限界を理解している，「やめる」という言葉とこうした言葉が危険を予防するために用いられることを理解している，トイレット・トレーニングが済みトイレに行くことができる，自分の名前がわかる，助けを求めるために大人に話しかける，コートを脱ぎ靴を履くことができる，文で話す，本を開き楽しむ，以上の 10 項目である（Wilshaw M. 2014）。この講演については，同月の 7 日に同じく講演を行ったトラス教育大臣から賛意が表されるとともに，「学校が幼児期における改善をリードすべきである」との考えも示されている（Truss T. 2014）。

こうした動向は，ＯＥＣＤの『保育白書』が「学校化」（schoolification）として懸念する点（OECD 2011：67）にまさに該当するところであり，批判も少なくない。たとえば，ケンブリッジ大学のホワイトブレッドらは「学校レディネス」に関する報告書をまとめているが，そのなかで，政府は，学校レディネスという言葉を，小学校の要求にうまく対処し，特に特定の認知的言語的スキルの習得に準備させるための固定的なスタンダードとして用いており，このモデルは，小学校の教室の手順に順応し，基礎的な読み書きのスキルを身につけた子どもたちを小学校に送り込むように見える点で，政府にとって魅力的であると批判する。その一方で，幼児の情緒的及び認知的発達に関する最近の研究によると，子どもたちの長期的な幸福と学校での成功をもっとも強力に支えるのは，早くから導入される教科的な内容ではなく，子どもたちの実行機能（executive functioning），自己調整能力，自律性などであると指摘する（Bringham S. and Whitebread D. 2012：4-5）。このため，ホワイトブレッドなどが中心となっているキャンペーンは，「私たちが望んでいることは，基礎ステージの原則と特徴が小学校第１学年の子どもたちにまで拡張されることである」と主張している（Too Much, Too Soon Campaign 2013）。

　また，ケンブリッジ大学のアレグザンダーらも初等教育に関する体系的な研究をまとめた『ケンブリッジ初等教育レビュー』において次のように現状を分析している。まず，基礎ステージは，関係者に広く歓迎されているものの，多くの学校のレセプションクラスは，基礎ステージの原則に応えるというよりも，小学校のキーステージ１及び２の上からの圧力に屈している。問題は遊び中心の学びから教科領域中心の教育課程に移行する時期にあるとし，基礎ステージを６歳まで拡張することにより，子どもたちが学びに対する積極的な態度を確立し，後の発達にとって必要不可欠な言語と学習技能

を発達させるための十分な時間を確保するよう提言している（Alexander 2010：490-491）。

4　「基礎段階」の課題

　このように有力な教育学者が唱える提案は，まさにウェールズにおいて実現されており，その施策は注目に値するが，その成果はいかなるものか。最後にこの点に触れておきたい。

　ウェールズ勅任視学局の報告書（2011年）を見てみよう。同報告は，読み書き能力に特に焦点を当てた監査の結果をまとめている。それによると，多くの学校では学校の管理職及び教職員によって基礎段階は円滑に実施に移されているものの，中には基礎段階の教育的価値について納得していない学校もある。子どもたちの動機づけや学ぶ喜びについては一般的にその成果が確認されるが，少なからぬ学校では，読み方の直接的な教授，読みの技能を用いる機会が十分に用意されていない，という監査結果が報告されている（Estyn 2011：Summary）。

　また，ウェールズ政府がカーディフ大学の研究所に委託した第3者評価の報告書（2013年）が公表されている。同報告書は，2004/05年度から2010/11年度の4～7歳の全幼児・児童を対象に実施された調査の報告書である。その主なねらいは，基礎段階の教育成果を従来のキーステージ1の教育成果と比較することにある。その結果を見ると，政府が意図した長期欠席と学業達成の両方の改善において不平等の持続が確認されている。その一方で，基礎段階のパイロット校では，小学校終了時の学業達成を比較してみると，基礎段階で教育を受けた子どもの方が高いなどの成果も確認されるものの，同報告書の評価は，従来の知識・技能中心のアプローチから遊び中心のアプローチへの変更は長期的には否定的な影響を及ぼし得るとする一部の懸念について，利用できるデータによる

限り証明されていないように見える，という控えめなものであった（Davies R. et al. 2013 : iii - iv）。

　基礎段階は，「発達にふさわしいカリキュラム」（Developmentally Appropriate Practice，以下，DAP）に基づくものであるが（Estyn 2011 : 4），このDAPについては，いくつかの先行実践・研究がある。それらによると，就学前教育と小学校の双方に関する主要な研究は，教員の言説と現実の実践の間に重大な乖離があると指摘している。そうした乖離が生じてしまう理由や背景としては，DAPの原則に対する教員の信念と行政や保護者からの学力向上の期待との板挟み，時間割，教員と子どもの割合，施設・設備などの制度的制約とともに，教員の理解力や実践力の不足などが挙げられる（British Educational Research Association Early Years Special Interest Group 2003 : 14，Walsh G. et al. 2010 : 11-15）。DAPに関する先行研究を踏まえると，その理念が優れたものであるとしても，それが制度化される過程において，様々な現実的制約により理念の実現が困難に遭遇することも予想される。

おわりに

　本章では，保幼小の連携を広く接続という観点に位置づけ，どうつなぐかという課題とともに，どう分けるかという課題について検討してきた。

　どうつなぐかについては，わが国の場合，「小１プロブレム」から連携が始まるという不幸な出自に規定されてきたが，今日では，それが本当に問題なのか，連携の課題ではなく小学校の教育力の問題ではないのか，相互理解の問題ではないのか，という問題の見極めとともに，それほど労力をかけるほどの問題なのかといった観点から，見直す時期に入っているように思われる。接続期に労力をかけるよりも，保育所・幼稚園において，豊かな学びを保障すること

が，結果として保幼小の連携になると考える方がよほど生産的であろう。

　また，どうつなぐかという観点で，従来は，教育（保育）方法やカリキュラムの上での接続が取り組みの中心であったが，教育条件整備の面での接続も課題になるのではないか。教員（保育者）ひとつをとってみても，その待遇等には大きな開きがあり，子どもが学ぶ場の条件整備にも大きな差がある（この点は終章を参照されたい）。教育制度論的には，教育条件の接続も検討課題となる。

　一方，保幼小の接続を考える場合，どのように分けるのか，という問題の方が重視されてもよいのではないか。その場合，1つには，わが国の小1プロブレムのように，保幼の側が一方的に責められるのではなく，それぞれの教育観がせめぎあう場となる。さらにはウェールズのように，幼児教育・保育の原理によって幼年期の教育機関を作り上げることも可能であろう。それはさらには，わが国の場合，初等教育＝小学校という初等教育の枠組みの再構築にもつながる課題である。

【参考文献一覧】

秋田喜代美・東京都中央区立有馬幼稚園・小学校（2002）『幼小連携のカリキュラムづくりと実践事例』小学館

池田祥子・友松諦道編（1997）『保育制度改革構想』（『戦後保育50年史』4）栄光教育文化研究所

一前春子（2017）『保幼小連携体制の形成過程』風間書房

尾木直樹（1999）『「学級崩壊」をどうみるか』NHKブックス

OECD（2011）『OECD保育白書』明石書店

お茶の水女子大学附属幼稚園・小学校・中学校・子ども発達教育研究センター（2008）『「接続期」をつくる』東洋館出版社

現代幼年期教育研究会（1969）『現代の幼年期教育─世界と日本─』ひかりのくに

酒井朗・横井紘子（2011）『保幼小連携の原理と実践』ミネルヴァ書房

佐々木宏子・鳴門教育大学附属幼稚園（2004）『なめらかな幼小の連携教育』
　チャイルド本社

滋賀大学教育学部附属幼稚園（2004）『学びをつなぐ─幼小連携からみえて
　きた幼稚園の学び─』明治図書

新保真紀子（2001）『「小1プロブレム」に挑戦する』明治図書

竹内通夫（1981）『現代幼児教育論史』風媒社

戸田雅美（2004）「幼児教育の『学び』のゆくえ─学びの豊かさ─」『幼稚園
　じほう』，2004年2月号

中野重人（1997）「幼稚園教育と小学校教育を考える」『幼稚園じほう』
　1997年10月号

藤井穂高（2006）「幼小連携論の動向と課題」，『教育制度学研究』第13号，
　pp.192-195

藤井穂高（2014）「イギリスにおける5歳児就学の課題」『教育学研究』81
　(4)

持田栄一（1972）『幼児教育改革─課題と展望─』講談社

広島県呉市立五番町小学校・二河小学校・二河中学校編著（2005）『公立小
　中で創る一貫教育』ぎょうせい

水野国利編（1983）『世界の幼児教育7　イギリス』日本らいぶらり

N・ワイトブレッド（1992）『イギリス幼児教育の史的展開』酒井書店

Alexander R. (ed.) 2010 *Children, their World, their Education, Final
　report and recommendations of the Cambridge Primary Review*,
　Routledge.

Allen G. 2011 *Early Intervention: The Next Steps*.

Bringham S. and Whitebread D. 2012 *School Readiness; a critical
　review of perspectives and evidence*, TACTYC.

British Educational Research Association Early Years Special Interest
　Group 2003 *Early Years Research: Pedagogy, Curriculum, and Adult
　Roles, Training and Professionalism*.

Davies R. et al. 2013 *Evaluating the Foundation Phase: The Outcomes
　of Foundation Phase Pupils (Report 1)*, Welsh Government Social

Research.

Department for Children, Education, Lifelong Learning and Skills 2008 *Framework for Children's Learning for 3 to 7-year-olds in Wales.*

Estyn 2011 *Literacy and the Foundation Phase An evaluation of the implementation of the Foundation Phase for five to six-year-olds in primary schools, with special reference to literacy.*

Field F. 2010 *The Foundation Years: preventing poor children becoming poor adults*, HMGovernment.

The National Assembly of Wales 2001 *The Learning Country A Paving Document.*

The National Assembly of Wales 2003 *The Learning Country: The Foundation Phase – 3 to 7 years.*

Tickell C. 2011 *The early Years: Foundation for life, health and learning*, Department for Education.

Too Much, Too Soon Campaign 2013 *Initial Arguments.* http://www.toomuchtoosoon.org /initial-arguments.html

Walsh G. et al. 2010 *Developmentally appropriate practice and play-based pedagogy in early years education A literature review of research and practice*, CCEA.

Wilshaw M. 2014 *Unsure Start*, Ofsted.

第4章

保育所保育における乳児保育と 3歳以上児保育との接続の課題
―アーティキュレーションの視点からの考察―

石毛 久美子（松本短期大学）

はじめに

　これまで保育・幼児教育領域における接続のあり方についての検討は，主に就学時における小学校との接続の課題として取り上げられることが多かった。一方，保育所保育における乳児保育と3歳以上児保育との接続については，それぞれ保育内容や保育運営上の諸基準には一定の差が見られ保育段階があること，そして学習者である子どもは保育段階間の移行に際して「段差」を体験していることが認知されながらも，その接続のあり方についての制度的な視点からの検討は十分に行われてこなかった（無藤・汐見2017；小島2018）。

　保育所保育指針の改定（2018年施行）では，保育所では乳児保育から3歳以上児保育への移行期の「段差」を了解しつつ，子どもの育ちと学びの連続性を意識した保育の実践がますます求められている。これまでも，保育所や保育士の個々の取組によって，その「段差」を考慮した保育実践は試みられてきたが，移行期に戸惑いを覚えたり，躓いたりする子どもは少なくないという。

　また近年は，乳児保育を利用する子どもの数が増え，保護者の乳児保育へのニーズも多様化し，それに応じる形で様々な形態の保育施設や保育サービスが生まれている。利活用できる保育施設やサービスの選択肢が拡大することで，乳児保育から3歳以上児保育へ

の移行ルートは以前にも増して多様化，複雑化してきている。つまり，子どもが体験する「段差」についても移行ルートごとに異なり，場合によっては一層高くなることも考えられる。まさに個々の努力や取組に頼る対応には限界が迫っており，見過ごせない状況がある。

　今時，諸外国における保育・幼児教育の潮流に鑑みても，乳児保育については一部の限られた子どもの福祉や教育の問題ではなくなりつつある。乳児保育の量的質的な充実が急務となるなか，子どもの育ちや学びの連続性を保障した保育の制度的な整備が求められている。こうした保育・幼児教育制度改革において，乳児保育と３歳以上児保育との接続に焦点をあて，具体的に乳児保育から３歳以上児保育への移行期における体系的組織的な連携や支援のあり方について検討することは不可避の課題といえる。

　これら問題意識から，本研究では乳児保育と３歳以上児保育との接続における課題を教育制度の視点から明らかにする。課題を明らかにするうえでは，教育制度論におけるアーティキュレーション（articulation）の視点を用いて整理，検討を試みたい。なお，課題解明においては移行ルート毎の検討が必要となるが，本章では，その一階梯として保育所保育における乳児保育から３歳以上児保育への接続に焦点をあてる。

第1節　アーティキュレーションの視点を用いた　　　　課題の整理検討

　秋川は，「教育制度論における「アーティキュレーション」」について，ライフステージに応じた教育組織を順次活用していく学習者の統一的発達という観点からの「下級教育段階と上級教育段階との結びつき」を意味する。音楽用語の「アーティキュレーション」が，「各音の区切り方やつなぎ方（の技法）」を意味するように，教育体系の上下の教育段階の区切り方と両者の接続の仕方の局面を捉える

概念，つまり，子どもの発達段階や年齢に応じて，どこで段階を区切り，その上下段階をいかにスムーズに移行させるかを考える視点であるといえる」と説明されている（秋川 2019, p.24）。[5]

　この説明を踏まえると，保育所保育における乳児保育と3歳以上児保育との接続の課題をアーティキュレーションの視点を用いて検討することの意義は，次の点に見出すことができよう。すなわち，学習者（＝子ども）の統一的発達という観点からすると，一つの教育段階として括られる保育所（保育）には「区切り」と「連続性」という2つの要素が併存していると捉えられる。それは，①子どもの発達と学びの特徴を考慮して保育所保育指針の保育内容や係る法令等の諸基準において一程度の差が見られ，乳児保育と3歳以上児保育との間に「区切り」と捉えられるような保育段階が確認できること，そして②保育所の上級教育段階にあたる小学校就学に向けて，乳児保育の段階から長期的な見通しをもった保育計画を作成し，学びの「連続性」を意識した保育を実践することが求められていることからも理解することができる。さらに，その「区切り」となる保育段階間の移行において，躓きや戸惑いを感じている子どもが少なくないという状況がある。これらを考慮すると，子どもの育ちと学びの連続性を保障するための保育所保育を実践するうえでは，子どもが保育段階間を円滑に移行できるような接続に関わる制度的配慮と，接続のあり方についての検討が必要といえる。

　また，清水は教育制度研究の立場から見た時，アーティキュレーション研究の問題の重要性の一つに，接続を考える場合，連続面とともに非連続面を考える必要もあるとして，「アーティキュレーションは，既存の学校や既成の教育段階をただ単に結びつけるだけにとどまらず，各学校段階を適切に区切り，区分するということも併せて含めて考えられなければならい」と指摘する（清水 2016, p.389）。この指摘から，アーティキュレーションの視点を用いて

検討することで，将来的に就学前教育段階における適切な区切り方についての検討の可能性も指摘することになり，それは就学前教育段階と小学校教育段階との接続についての検討枠組みに若干の影響を与えることになろう。

　これら知見から，保育所保育を子どもの発達や学びの連続性を保障する一つの教育段階として捉えた場合，乳児保育から3歳児以上児保育への円滑な移行を実現するための接続のあり方について，アーティキュレーションの視点を用いて検討することは，一定の意義があると考えられる。またアーティキュレーションの問題領域について，清水は，少なくとも3つの側面，すなわち，「1つは教育機関（教育組織）の設定の枠組みに関する側面，2つは教育機関（教育組織）の内実に関する側面，3つは各教育機関（教育組織）間の具体的連絡・調整方法の側面である」と指摘し，これら「3側面は，それぞれに無関係に独立して存在するものではない。互いに密接な関連をもちつつ，いずれの側面も欠くことなく統一的に考えられて初めて効果的なアーティキュレーションとなり，結果，全体としてダイナミックな学校制度を築き上げるものと考えられる」と説明する（清水 2016，p.390）。これに倣い，本章ではそれぞれ1つ「構造的側面」，2つ「内容的側面」，3つ「運営的側面」として，乳児保育と3歳以上児保育との接続について，3つの側面から考察し課題の整理検討を試みる。

第2節　保育所保育における乳児保育と3歳以上児保育との接続における構造的側面の課題

　アーティキュレーションの教育機関（教育組織）の設定の枠組みに関する側面（「構造的側面」）の中心的なテーマは，段階的区分の問題である。就学前教育段階では，教育の開始時期や終了時期は概ね個人に委ねられる。保育所，認定こども園，幼稚園のほか，対象

年齢や形態なども異なる多様な施設・サービスが存在し，それらの利用事由も多岐にわたる。近年，保育所では低年齢児の利用率が増加傾向にあり，乳児保育から保育所保育をうけている子どもが増えている。

　保育所保育において乳児保育から３歳以上児保育へ移行する際は，一般的に年齢に応じて３歳児保育への進級が決定する。進級時に，子どもの発達状況や学びの成果等を見極めるための考査は実施されない[7]。しかし，乳児保育の時期にあたる０～２歳児は，同年齢でも月齢による発達差が顕著にみられる時期であることを考慮すれば，年齢が進級基準として設定されるとしても，そのうちに特例措置や柔軟な対応があっても不都合とはならない。しかし，現状，その点についての制度的な配慮は見あたらない。

　また保育所は，法令上，福祉施設であることから入所の要件が明確であり，利用には制限が設けられている。これは保護者の意向に限らず諸々の状況によって，保育所への入所と退所の時期が決まることを意味する。そこでは保育所保育において学習者である子どもの学びの連続性を保障するという視点が抜け落ちてしまうことがあり，子どもが継続して保育所保育をうけるための制度的対応や支援は十分とはいえない状況がある。例えば，いわゆる育休退園の措置[8]のある自治体においては，保護者が産前産後休暇や育児休暇を取得する場合は，在園中の子どもはすでに保育を必要とする状態には当たらないとして退園の措置が採られる。つまり，その子どもの学びの連続性は家庭において継続されることを前提に，保育所保育における学びは中断されることになる。

　さらに，待機児童の解消を目的として３歳未満児のみを対象とする保育施設やサービスも増えている。そうした乳児保育のみを実施している施設やサービスを利用している子どもの３歳以上児保育への移行に関しては，自治体ごとに様々な支援策が講じられてき

ているが，運用面や実効面では改善の余地が残されている。

　保育所保育における乳児保育と３歳以上児保育との接続の構造的側面については，社会的要請の影響を受けて生起される課題も多い。しかし，理念としてのアーティキュレーションは，学習者の心身の発達段階に適したかたちで，その区切りが定められることを求める。乳児保育から３歳以上児保育への移行期の子どもは，学習者として自身で自覚的な移行ルートや方途を選択することが難しい発達段階にあることを十分に考慮しつつ，学びの連続性という観点から制度的配慮を備える必要があるといえる。

第3節　保育所保育における乳児保育と３歳以上児保育との接続における内容的側面の課題

　清水は，アーティキュレーションの最も主眼が置かれ強調されなければならない部分は教育機関（教育組織）の内実に関する側面（「内容的側面」）であると指摘する（清水 1987, p.30）。保育所保育に照らしてみると，当該側面のテーマとしてはカリキュラム，保育方法，保育指導（計画），園外活動，園行事などが挙げられよう。

　ここでは，今期の保育所保育指針の改定の方向性を踏まえつつ，カリキュラムに焦点をあて考察する。具体的に，保育所保育指針で示された乳児保育と３歳以上児保育における保育内容のポイントを指摘し，それぞれの保育内容の繋がりと位置付けに着目して　保育所保育におけるアーティキュレーションの内容的側面の課題を考察する。

1　乳児保育段階の保育内容のポイント

　今回の保育所保育指針の改定では，５つの基本的な方向性が示されたが，その一つが，乳児保育（0.1.2 歳児）の質的向上を目指し，

記載内容の充実を図るというものである。具体的に，保育指針において保育内容の積極的な位置づけを行うとともに，子どもの発達や学びの特徴にあわせて，乳児（０歳），１歳以上３歳未満児の保育内容について新たに項目を設けて，３歳以上児の保育内容と区分して記載された。これは，前回の保育所保育指針において保育内容の大綱化として，３歳未満児の保育内容の詳細な記述が割愛された経緯を踏まえると，建設的な意味での揺り戻しとも捉えられる。

　そして，乳児保育にある３歳未満児は「学びの芽生え」の時期にあり，社会情動的スキルといわれる「非認知的能力」の基盤を育む時期でもあることから，その期の保育は生涯の学びの出発点に位置づけられるという認識に立って，保育実践を通じて保育内容の充実を図る必要があることが示された。つまり，乳児保育は，３歳以上児保育とその後の学びの基礎あるいは土台としての役割があるとして，その意義が明確化されたといえる。

　具体的に，保育所保育指針「第２章 保育内容」では，０歳児については，資質・能力が「未分化」な状態であるという発達的特徴から，保育内容は「身近な人と気持ちが通じ合う」「身近なものと関わり感性が育つ」「健やかに伸び伸びと育つ」の三つの視点から整理された。そして，１歳以上３歳未満児については，１・２歳児には独特の発達的な行動特性が見られ，その特徴を保育上の大事な視点とする必要があることから，３歳以上児の保育内容５領域「健康・人間関係・環境・言葉・表現」に分化する前段階として各領域が存在しながらも，それらは緩やかな枠組みで括られた。

　乳児保育の保育内容は，０歳児保育を土台に１歳以上３歳未満児保育への繋がりがある。また１歳以上３歳未満児の保育内容については，３歳以上児の保育内容との繋がりも視野に入れて０歳児と３歳以上児の保育段階の中間に位置づいており，１歳以上３歳未満の時期は，いわば接着剤のような時期として長い移行期間とも捉え

られる。

2　3歳以上児保育段階における保育内容のポイント

　今回の保育所保育指針改定における別の注目すべき方向性と特徴は，学校教育全般の教育改革の一環としての側面を持ち合わせていたことである。改定に先立ち発表された中央教育審議会「幼稚園，小学校，中学校，高等学校及び特別支援学校の学習指導要領等の改善及び必要な方策等について（答申）」（2016年）では，「幼稚園教育要領の改訂内容を踏まえ，保育所保育指針及び幼保連携型認定こども園教育・保育要領の改訂内容について整合性が図られるとともに，幼稚園と小学校の接続と同様に，保育所及び幼保連携型認定こども園についても小学校との円滑な接続を一層推進されることが望まれる」とのことから，保育所を幼稚園，幼保連携型認定こども園と共に，幼児教育の一翼を担う施設として位置づけることが目指され，幼児教育・保育に関する3文書の同時改定が実施されたのである。

　そして，保育所保育指針第1章総則4「幼児教育を行う施設として共有すべき事項」では，学びの連続性を見据えた幼児教育における育ちと学びの視点，いわゆる新しい時代を生きる子どもたちに必要な力「三つの柱」の基礎と，子どもの小学校就学時の具体的な姿「幼児教育の終わりまでに育ってほしい10の姿」が示され，保育所保育における教育機能の鮮明化が図られた。

　これをうけて，保育所保育指針第1章総則1(2)に示す保育の目標を踏まえ，小学校以降の発達を見通して保育活動を展開し，保育内容5領域の各領域における「ねらい」及び「内容」に基づいて目指すべき資質・能力を育むことが求められた。こうして，小学校教育への円滑な接続を意識した保育を行う必要性が強調され，3歳以上児の保育内容については，小学校以降の学習内容にも広がりを

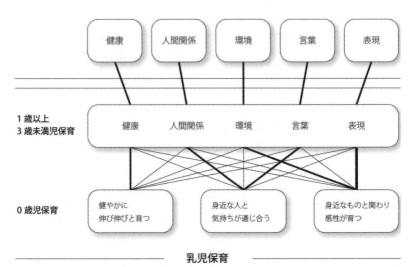

図1：保育所保育におけるカリキュラム（保育内容のつながり）

もって繋がることが示唆された。

　保育所保育においては，図1のように子どもの発達と学びの特徴を考慮して，保育内容の繋がりをイメージしたカリキュラムが組み立てられているといえる。そしてこの繋がりは，次の小学校段階も意識しつつ機能することが求められている。つまり，それぞれの保育段階間のスムーズな接続を経て，子どもの発達と学びが積み上げられていくことが前提となっている。

　子どもが，各保育の段階において充実した生活と学びを得ながら，次の保育段階へ適したペースで移行していくには，まさに移行期の配慮が必要となる。その点，今回の改定を通して，子どもの発達や学びの特徴を考慮して保育段階ごとに保育内容を区分して示したことは大きな意味をもつ。これにより，保育段階間の繋がりの意義が付与され，移行期の重要性が再認識されたといえる。また，1歳以上3歳未満児保育段階について，3歳以上児保育への移行期として

の新たな位置づけも浮かびあがってきた。

　保育所保育におけるカリキュラムの構図を踏まえ，保育実践を通じて，各保育段階の保育内容の充実を図り，保育段階間を効果的に繋げていくうえでは，移行期にフォーカスした保育内容の取り扱い方，保育指導計画，保育方法等についての理解の深化と，そうした理解に基づく保育実践を行うための保育環境を整える必要がある。

第4節　保育所保育における乳児保育と3歳以上児保育との接続における運営的側面の課題

　アーティキュレーションの各教育機関（教育組織）間の具体的連絡・調整方法の側面（「運営的側面」）は，移行における手段，方策として保育士間での子どもの発達や学びについての情報交換，その情報の活用のあり方，情報をもとにした保育士間の協働的作業などがテーマに挙げられる。ここでは，乳児保育から3歳以上児保育への移行期における，保育士間の子どもの発達と学びについての情報共有，交換などの引継ぎに着目する。

　3歳未満児は，基本的信頼感（アタッチメント）の形成の時期にあり，人的環境としての保育士が果たす役割が大きい。そのため乳児保育では，発達の個人差を十分に考慮した個別の指導が重視されている。また先に指摘したように，乳児保育は「非認知的能力」の基礎を育む段階として位置づけられていることからも，保育方法や保育実践においては養護的働きかけを重視している。これらのことから，乳児保育の保育体制は，緩やかな担当制を敷くことが望ましいとされ，結果的に，一クラスに複数の担任保育士が配置されることも多い。

　一方，3歳以上児保育になると，保育所での園生活の基本的な部分が，個別や少人数の生活から集団生活へ移行する。このように園生活が移行していくことで，保育所保育指針においても，集団にお

表1　保育士等の配置基準

子どもの年齢	子どもの数（概ね）	保育士の数
0歳児	3人	1人以上
満1歳以上満3歳未満	6人	1人以上
満3歳以上満4歳未満	20人	1人以上
満4歳以上	30人	1人以上

ける個について視点を向けることの重要性は指摘しつつも，乳児保育において望まれる担当制について継続を促すような積極的な言及は見られなくなる。場合によって発達的に特別な支援を必要とする子どもに対しては，加配保育士が配置されることもあるが，一人担任制へ移行する保育所も少なくない。

　こうした保育段階間における保育体制の違いは，子どもの発達や学びに適した保育方法や保育実践を行う観点から整備されることで生じてくるといえるが，あわせて保育体制が変わる背景には，「児童福祉施設の設備及び運営に関する基準」に示される，保育所における保育士数も一部関係があると考えられる。保育士一人当たりの子どもの数は，乳児保育から3歳以上児保育への移行に伴って，3倍以上に増えるのである。（**表1**）

　つまり，子どもは乳児保育から3歳以上児保育へ移行することで，クラスメイト数は増えるが，クラスの担任保育士数は減り，場合によっては慣れ親しんだ担当保育士も外れるという保育環境の変化を体験することになる。こうした急激ともいえる変化に馴染めず登園渋りになる子どももあるという。

　このような保育環境の変化がもたらす子どもへの影響について考慮すると，乳児保育と3歳以上児保育との接続における担任保育士間（前担任と新担任）の丁寧な引継ぎが重要な意味をもつものとなる。とりわけ保育所保育では，子どもの家庭環境や生育歴，保育時間や保育期間も一人ひとり異なる。それゆえに，一人ひとりの子どもの発達状況や学びについての理解と評価は丁寧に行われる必要があり，それらの情報を担任保育士間で共有していることが求めら

れる。こうした引継ぎが行われることで，子どもが保育段階間を移行する際に体験する「段差」を乗り越えるための一助となり得る。

　しかし，担任保育士間の引継ぎは容易くないことが窺われる。乳児保育では，先に示した基準の保育士数を満たすために，通常勤務の保育士に加え，シフト勤務の非常勤保育士やパート保育士，園長やフリーの保育士等も含めて柔軟な保育士配置がなされていることが多い。つまり，一日の保育時間のなかで，子どもは緩く特定された複数の保育士に接しているのである。このような保育体制は，子ども一人ひとりを複数の保育士の視点で多角的に観ることができる一方で，保育士配置が流動的過ぎると，引継ぎを行う際に不都合な点も生じる。なぜなら，次の保育段階の担任保育士への引継ぎにおいては，事前に乳児保育に携わっている保育士間で，子ども一人ひとりについての発達や学びの状況について恒常的継続的に情報を交換したり共有したりしておく必要があるが，情報を集約するうえでも携わる者が多いほど，そのための時間や機会を設けることは難しくなる。またそれら情報は，3 歳以上児保育とのつながりを見据えつつ，保育の専門的な知識と知見に基づいて行われた理解と評価を備えたものでなくてはならない。適切な理解と評価が得られなければ，引き継がれる情報や交換される情報そのものの妥当性を問われることになるからである。

　一方，3 歳児クラスの担任保育士においても，丁寧な引継ぎを行うことには難しい保育体制となっている。年度当初は，3 歳以上児保育からの入園児と進級した在園児がクラスに混在し，子ども自身も園生活や生活リズムに馴染むのに大変な時期となる。在園児が，まさに移行における「段差」を経験している時に，担任保育士は入園児に手を取られ，前担任から引き継いだ子どもの情報を保育実践で十分に生かす余裕のない状況に置かれている。

　このように乳児保育と 3 歳以上児保育との接続における担任保

育士間の引継ぎの実効は，少なからず保育士配置や保育体制のあり方と関係していると考えられる。しかし，子どもの発達と学びの連続性を保障する保育を実践するうえでは，担任保育士間の丁寧な引継ぎは必要であり，そこにおける困難さは解消すべき課題であるといえる。保育所保育は，保育士だけでなく多職種の者と，様々な勤務体制で勤務している者とによって成り立っている。また近年の慢性的な保育士不足も問題視されている。こうした背景のなかで，協働的な保育体制を築くための工夫が求められる。乳児保育から3歳以上児保育への移行において，子どもが無理なく「段差」を経験し，次の保育段階に適応していけるような保育体制が築かれていくことで，担任保育士間の丁寧な引継ぎの実現が可能となり，子どもの発達や学びについての情報交換や情報共有がより意義あるものになると考えられる。

おわりに─保育所保育における接続の課題と展望

　以上の考察から，保育所保育における乳児保育と3歳以上児保育との接続について，(1)構造的側面，(2)内容的側面，(3)運用的側面の課題として次の点が整理された。(1)とりわけ乳幼児期の子どもは自ら自覚的に学びの計画を立てたり，学びの道筋を選択したりすること（例えば，保育の継続や中断，転園など）に未熟な時期であることから，社会的要請や周囲の大人の状況や判断によって，子ども自身の発達や学びの連続性が妨げられたり，ゆがめられたりすることがないよう一層注意を払う必要がある。そのうえで，子ども一人ひとりに応じた保育・教育機会を保障するための制度的配慮と整備が必要である。(2)保育所保育におけるカリキュラムについては，保育所保育指針において保育段階ごとに子どもの発達や学びの特徴を考慮した保育内容のポイントを示しつつ，小学校就学に向けた目標や指標を設定し，乳児保育から連続性を意識したものになっている。

保育内容の充実を図るには，保育所保育の全体的なカリキュラム構図を把握したうえで，保育実践を通して，それぞれの保育段階間の保育内容を円滑に繋ぐ努力が必要となる。移行期にフォーカスした保育内容，保育方法等についての理解を深めるとともに，移行期に適した養護的，教育的側面からの保育アプローチや保育実践が求められる，⑶乳児保育と3歳以上児保育との接続における担任保育士による引継ぎは，子どもの学びと発達の連続性を保障するための方途として重要な意味をもつ。とくに乳児保育から3歳以上児保育への移行においては保育体制の移行の点からも保育所保育における子どもの学びや生活環境も大きく変化することから，丁寧な引継ぎが必要となる。保育の専門的見地から，一人ひとりの子どもの発達や学びを理解・評価し，その情報を交換・共有し，そして保育実践に役立てるという一連のプロセスを実現することで引継ぎは意義あるものとなる。担任保育士間の引継ぎの重要性を再認識するとともに，引継ぎを円滑にするための保育士配置や保育体制等の検討と改善が望まれる。

　これら3つの側面において明らかにされた課題は，いずれも乳幼児期の子どもの発達や学びの特徴ゆえに，より強く立ちあらわれていると捉えられる。このことは，保育所保育における乳児保育と3歳以上児保育との円滑な接続について制度的な検討を試みるうえで看過できない要素といえる。

　またそれら課題は，アーティキュレーションの視点を用いて考察することで，保育所保育において学習者である子どもが，保育段階間を移行する際に一定の「段差」を経験していること，言い換えれば，6年間にわたる保育所保育においては子どもの発達と学びの特徴から区分される保育段階があり，それら保育段階間には接続について検討を要する「段差」が内在していることを意識化することによって導き出された課題といえる。つまり，子どもの育ちと学びの

連続性を考慮すれば，「就学前教育（段階）」として大まかに括られてきた一つの教育段階のうちにも，着目すべき接続があり，そのつなぎ目となる移行期があることを再認識することになった。こうした理解は，その後の学童期，青年期へと繋がる学びの出発点としての就学前教育のあり方について再考する機会の一助となり得よう。今後は，整理された課題を一つずつ掘り下げてさらなる考察を行うとともに，多様化複雑化する乳児保育から３歳以上児保育への移行ルートごとに課題の整理・検討を進めたい。

【註】
1　本章では，乳児保育を広義に３歳未満児保育としてとらえる。０歳児保育のみを指す場合は，乳児保育（０歳児）とする。なお，３歳未満児の教育についての捉え方は様々であるが，本章では保育所保育指針に倣い，保育は「養護」と「教育」から成り立つとする見解に立ち，３歳未満児においても「教育」が行われていることを前提に検討を進める。また，保育所は児童福祉施設に分類されるが，幼稚園教育要領，保育所保育指針，幼保連携型認定こども園教育・保育要領の３指針の同時改定（訂）（2017年）等の保育・幼児教育改革動向を踏まえ，保育所を保育・幼児教育施設と捉える。
2　本章では文脈にあわせて，子どもの育ちと子どもの発達という言葉の両方を用いている。
3　改定作業の過程では，例えば，乳児保育と３歳以上児保育における「教育」の捉え方についての議論が行われている。また，保育の全体的な計画を作成する必要から「保育所保育指針第１章総則３保育の計画及び評価(1)全体的な計画の作成」の明示などが確認された。
4　保育所等利用率（当該年齢の保育所等利用児童数÷当該年齢の就学前児童数）は，平成21年4月と平成31年4月を比較すると，次のように増加している。０歳児：8.4％→16.2％，1・2歳児：28.5％→48.1％，3歳以上児：40.9％→53.7％。厚生労働省「保育所等関連状況とりまとめ」（平成21年9月7日，令和元年9月6日）
5　就学前教育段階にある子どもは，多様な繋がりや関係のなかで生活と学び

の機会を得ている。そのため，いわゆる「横」や「斜め」の接続についても考察する必要があるが，これら接続についての検討はまた稿を改めたい。

6　清水（2016）は，アーティキュレーション研究のマトリクスを示しており，接続には，縦，横，斜めの3つの種類の接続があると指摘している。本章では垂直的な接続関係を示す縦の接続（Vertical Articulation）の視点を用いる。

7　3歳以上児保育段階になると，小学校就学に向けて発達支援員など外部機関との連携を図り，場合によっては発達状況や特徴を踏まえた進路相談や特別な支援が行われることがある。

8　育休退園とは，保育所保育をうけている子どもの保護者が，その子どもの弟妹を出産し，育児休暇を取得した場合に，保育所利用要件を満たさないとして保育所保育をうけていた子どもを退所させるという自治体独自の措置である。

9　そのほか4つの方向性と要点は，子どもの育ちをめぐる環境の変化をふまえた健康及び安全の記載の見直し，保護者・家庭及び地域と連携した子育て支援の必要性，職員の資質・専門性の向上が挙げられる。

10　「保育所保育指針」「幼稚園教育要領」「幼保連携型認定こども園教育・保育要領」の3文書は，いずれも2017年に改訂（定）告示，翌年施行され，初めての3法令同時改訂（定）となった。なお，「小学校学習指導要領」についても同年改訂され，2020年に全面実施されている。

11　「三つの柱」の基礎として，個別の知識や技能の基礎，思考力・判断力・表現力等の基礎，学びに向かう力，人間性等「幼児期の終わりまでに育ってほしい10の姿」として健康な心と体，自立心，協同性，道徳性，規範意識の芽生え，社会生活との関わり，思考力の芽生え，自然との関わり，生命尊重，数量や図形，標識や文字などへの関心・感覚，言葉による伝え合い，豊かな感性と表現の10項目が示された。

【文献一覧】

秋川陽一（2019）「学童保育制度の全体構造に関する考察(3)〜教育制度論（体系論）の視点からの「学童保育体系」の検討」『関西福祉大学紀要』第22号，pp.1-9

秋川陽一，大城愛子，正保正恵，伊藤良高（2015）「課題別セッションⅢ　3歳未満児の教育制度を考える―その制度（改革）原理の検討」『教育制度学研究』第22号，pp.176-192

小島千恵子（2018）「子どもが主体的に学ぶためのカリキュラム・マネジメント―3歳未満児の保育から3歳以上児の保育への連続性（指針の改定をふまえて―）」『名古屋短期大学研究紀要』第56号，pp.17-28

汐見稔幸，無藤隆，ミネルヴァ書房編集部（2018）『〈平成30年施行〉保育所保育指針 幼稚園教育要領 幼保連携型認定こども園教育・保育要領解説とポイント』ミネルヴァ書房

清水一彦（2016）「教育における接続論と教育制度改革の原理」『教育学研究』83巻4号，pp.384-397

清水一彦（1987）「教育におけるアーティキュレーションの概念と問題性」『清泉女学院短期大学研究紀要』第5号，pp.23-35

松本峰雄監修，池田りな，才郷眞弓，土屋由，堀科（2019）『よくわかる保育士エクササイズ5　乳児保育演習ブック〔第2版〕』ミネルヴァ書房，p.46

松本峰雄監修，浅野繭子，新井祥文，小山朝子，才郷眞弓，松田清美（2019）『よくわかる保育士エクササイズ6　保育の計画と評価演習ブック』ミネルヴァ書房，p.120

無藤隆，汐見稔幸（2017）『イラストで読む！幼稚園教育要領 保育所保育指針 幼保連携型認定こども園教育・保育要領はやわかりbook』学陽書房

保育所保育指針（平成29年）厚生労働省

第5章

幼児教育・保育の無償化政策の課題

—無償化論の軌跡に着目して—

黒川 雅子（淑徳大学）

はじめに

2019（令和元）年10月1日，幼児教育・保育の無償化が動き出した。従来は幼保一元化が目指されてきたように，「教育」と「保育」は別系統に位置するものとされてきたが，今回の無償化政策（以後，2019年無償化政策とする）は，これが一体のものとして論じられていることに特徴がある。

そこで，本章では，まず，2019年無償化政策が，どのような議論を経て制度化されたのかという点を整理する。そして，2019年無償化政策が運用されるにあたって整備された制度（以後，無償化制度とする）を概観した上で，残された課題について若干の問題提起を行うこととしたい。

第1節　教育領域と福祉領域の往来

2019年無償化政策は，それ以前に展開されていた幼児教育の振興を目指した議論から一歩踏み込み，無償化の検討を行った点に特徴がある。ただ，無償化政策の議論をめぐっては，その必要性を教育に求めるのか，福祉の充実に見出すのか，紆余曲折があり，その時々の政治状況により揺れ動いてきたと言える。本節では，この点に着目し，まず，自由民主党政権下であった小泉内閣から麻生内閣の間における議論について整理を行う。

1　小泉内閣：「教育機能」の強化

　無償化というフレーズは，2006（平成 18）年，当時の小泉内閣により発表された「経済財政改革の基本方針 2006」（以後，基本方針 2006 とする）において登場した。小泉内閣は，これまでの幼児教育の振興を踏まえ，「無償化」というキーワードを初めて用いて幼児教育・保育の在り方を検討している。「構造改革なくして日本の再生と発展はない」とする観点に立ち改革に当たった小泉首相（当時）は，社会の構造改革をもたらすためには，制度改革と意識転換が必要との考えの下，新たな国づくりを担う人材育成に向けて，「教育改革」に取り組むことを打ち出していた。2003（平成 15）年 3 月に中央教育審議会答申「新しい時代にふさわしい教育基本法と教育振興基本計画の在り方について」が発表された後，同年 5 月に与党教育基本法改正に関する協議会が設置されたことも，小泉内閣の教育重視の姿勢の現れであったと言える。

　教育への関心が高かった小泉内閣による基本方針 2006 では，「豊かで活力ある社会の形成に向けた人材育成のため，幼稚園・保育所の教育機能を強化するとともに，幼児教育の将来の無償化について歳入改革にあわせて財源，制度等の問題を総合的に検討しつつ，当面，就学前教育についての保護者負担の軽減策を充実するなど幼児教育の振興を図る」ことが掲げられた。

　「幼稚園・保育所の教育機能」の強化とあるように，児童福祉施設である「保育所」の有する「教育機能」を幼稚園と同様に強調し，それを強化することの延長線上に無償化の検討を行おうとした点が小泉内閣の議論（小泉プラン）の特徴と言える。

2　第 1 次安倍内閣：子育て応援[3]に焦点化

　2006（平成 18）年 9 月 26 日から 2007（平成 19）年 9 月 26 日までの 1 年間は，第 1 次安倍内閣の時代である。安倍首相（当

時）は，その後の日本のあるべき姿を「美しい国，日本」と称し，その実現に向けて教育再生の必要性を指摘した。

　周知の通り，この政権下で実現した教育基本法の改正により，幼児期の教育に関する規定が新設された（11条）。小坂文部科学大臣（当時）は，この規定について「財政面の支援も含めた幼児教育に対する考え方をまとめたもの」としており[4]，小泉内閣時に提示された幼児教育・保育に対する無償化を視野に入れた上での規定の新設であったと考えられる。また，安倍首相（当時）も，「家庭の経済状況によって子供たちの教育を受ける機会が奪われてはならない」とした上で，そのため，「政府としては，幼稚園，保育所の教育機能を強化するとともに，幼児教育の将来の無償化について，歳入改革とあわせて財源，制度等の問題を総合的に検討し」，厳しい財政状況ではあるが教育費負担の軽減に向けて努力するとしていた[5]。

　ただ，安部内閣により発表された「経済財政改革の基本方針2007」では，「親の学びと子育てを応援する社会」という項目のなかで「幼児教育の将来の無償化の検討など幼児教育の充実」という点のみが示されることとなった。安倍内閣も，小泉内閣と同様に幼稚園・保育所の教育機能の強化については意識していたと考えられる。だが，財政改革の打ち出し方としては，教育の視点による表現が抜け落ち幼児教育・保育の無償化を「子育てを応援する社会づくり」とする視点に焦点化して議論しようとしていたと言えよう。

3　福田内閣：小泉プランへの原点回帰

　2007（平成19）年9月26日から2008（平成20）年9月24日まで政権を握ったのは福田内閣である。ねじれ国会[6]の状況の下，政治と行政の信頼回復に努めたいとする福田は，教育は家庭にとって極めて関心が高い問題であるとし，学校，家庭，地域，行政が一体となり教育の再生に取り組む姿勢を強調した。

2008（平成20）年に発表された教育振興基本計画では，無償化議論は，幼児期における教育を推進する方策及び教育機会の均等を確保する方策として位置付けられた。同年，福田内閣より公にされた「経済財政改革の基本方針2008」では，まず，「未来を切り拓く教育」という項目において，「『教育振興基本計画』に基づき，我が国の未来を切り拓く教育を推進する」という理念が掲げられている。その上で，「幼児教育の将来の無償化について，歳入改革にあわせて財源，制度等の問題を総合的に検討しつつ，当面，就学前教育についての保護者負担の軽減策を充実するなど，幼児教育の振興を図る」こととされた。

　福田首相（当時）は，第1次安倍内閣で発足した教育再生会議の後継組織として，教育再生懇談会を設置している。そこでは，幼児期の教育の重要性に対する認識が国際的にも高まっていることから，若い保護者の子育てを支えることの重要性が示されている。ただ，福田内閣では，「未来を切り拓く教育」という項目の中に無償化の論点を置いたように，「教育」を語る文脈に戻して無償化の議論を行おうとしたと見ることができる。この点においては，小泉プランへ回帰したということが言えるのではないかと考えられる。

4　麻生内閣：保育サービス重視への再転換

　これに対し，2008（平成20）年9月24日に成立した麻生内閣は，アメリカ合衆国でのサブプライム問題により広がった世界的な金融不安に直面することになった。日本経済の立て直しという課題を克服するため，景気対策，財政再建，改革による経済成長と経済政策に力を入れていくことになる。こうした中，麻生首相（当時）は，暮らしの安心を強調し，保育所の不足等，国民の不安を解消できるように努めようとした。

　この視点が2009（平成21）年に麻生内閣が発表した「経済財

政改革の基本方針2009」に反映されている。「安心社会の実現」という項目において、「子育て等に配慮した低所得者支援策（給付付き税額控除等）について，財源確保方策とあわせ，制度設計の論点を含めて検討する」，「幼児教育，保育のサービスの充実・効率化・総合的な提供，財源確保方策とあわせた幼児教育の無償化について総合的に検討する」ことが示されたのである。

　その結果，幼児教育・保育の無償化議論においては，「教育機能」の視点が後退し，代わって福祉的視点に立った「低所得者支援策」や「保育のサービスの充実・効率化・総合的な提供」という視点へとシフトしていくことになった。2009（平成21）年の衆議院総選挙時の自由民主党マニフェスト「日本を守る，責任力」でも，「安心」と称した項目のなかで，3歳から5歳児の幼児教育費負担を段階的に軽減し，3年目から無償化の実現をはかるとしていた。経済政策が政権の中心的課題とされてきた麻生内閣においては，幼児教育・保育の無償化も国民の安心した生活の実現という視点からの費用補助が議論の中心となっていることが分かる。麻生内閣は，教育機能の視点から無償化を議論して教育への財政支出を充実させるのではなく，景気回復を目指し安心な社会を形成するための経済政策の一つとして，幼児教育・保育の無償化を検討しようとしていたものと考えられる。

第2節　福祉的視点の強調

　2009（平成21）年9月16日から2012（平成24）年12月26日までは，民主党政権の時代であった。この間，幼児教育・保育の無償化の議論に進展は見られない。無償化の議論としては，当時の民主党のマニフェストに掲げられていた高等学校の無償化に関する議論が優先されることになった。その後，2012（平成24）年12月26日，自由民主党が政権を奪還し，その後，幼児教育・

保育の無償化の議論が再び動き出すこととなる。

1 第2次安倍内閣：第1次安倍内閣への回帰

2012（平成24）年以降の自由民主党のマニフェストでは，まず，2012（平成24）年の衆議院選挙での「日本を，取り戻す」において，「幼稚園や保育所，認定こども園，家庭などの子育て支援を充実」させ「幼児教育の無償化」に取り組むことが掲げられている。第1次安倍内閣時にも，無償化議論は「子育てを応援する社会づくり」の視点から行われていたが，ここでも再び「子育て支援を充実」するという文脈から無償化が目指されている。幼児教育の重要性は踏まえつつも，「教育」の視点より福祉領域から無償化の必要性を強調したものと言えるだろう。

2013（平成25）年の参議院選挙における「参議院選挙公約2013」では，「全ての子供が必要な教育を受けられるよう，教育費負担の軽減を図るため，幼児教育の段階的無償化，奨学援助制度や奨学金制度の充実」に取り組むとしている。「全ての子供が必要な教育をうけられるよう」に「教育費負担の軽減を図る」というように，「子育て」における福祉的支援の視点からの議論が維持されており，無償化については，「段階的」に進めようとする方向性が打ち出された[10]。

2 第3次安倍内閣：貧困対策議論の台頭

2014（平成26）年には，衆議院選挙時のマニフェスト「景気回復，この道しかない」において，「希望する全ての子供に幼児教育の機会を保障するため，財源を確保しつつ，幼児教育の無償化」に取り組む，「幼児教育の無償化，高校生等奨学給付金，経済的に修学困難な専門学校生への支援，大学等奨学金事業の充実等，子供の貧困対策を，財源を確保しつつ推進」するとしている。これまで

の「保護者負担の軽減」や「教育費負担の軽減」から「子供の貧困対策」へと表現を変え，その一つとして無償化政策の議論が展開されており，福祉領域の視点による無償化の必要性がより鮮明に議論されていると見ることが可能である。

　2015（平成27）年に閣議決定された「経済財政運営と改革の基本方針2015」では，家庭の教育費負担軽減の観点から，「少子化社会対策大綱」等も踏まえて幼児教育の無償化に向けた取組を段階的に進めると少子化社会対策から無償化政策が議論されており，やはり，福祉的視点が強調されていたように見える。

3　第4次安倍内閣：人づくり革命下での無償化

　2017（平成29）年の衆議院選挙時のマニフェスト「この国を，守り抜く」で自由民主党は，無償化議論を一気に加速させることを掲げた。「2020年度までに，3歳から5歳までのすべての子供たちの幼稚園・保育園の費用を無償化」し，「0歳から2歳児についても，所得の低い世帯に対して無償化」するというものであった。「人づくり革命」の下，未来を担う「子どもへの支援」として無償化政策を目指すことが強調されたと言える。ここで初めて，無償化の対象となる幼児が，0歳～5歳までのいわゆる小学校就学の始期に達するまでの子どもであることが打ち出され，財源の関係から，0歳から2歳児までについては，所得に応ずるという条件付きでの無償化をはかり，3歳から5歳児については，教育施設，福祉施設を問わずに無償化とする価値選択を行ったと言えるだろう。

　その後，2018（平成30）年に安倍内閣が発表した「経済財政運営と改革の基本方針2018～少子高齢化の克服による持続的な成長経路の実現～」において，人づくり革命としての無償化への方向性が明確に示されることになる。安部首相（当時）は，「今般の幼児教育，保育の無償化は，生涯にわたる人格形成の基礎やその後

の義務教育の基礎を培う幼児教育の重要性と，子育てや教育に係る費用負担の軽減を図るという少子化対策に鑑み，未来を担う子供たちに，子育て世代に大胆に投資をするもの」であるとしていた。これが，現在の幼児教育・保育の無償化制度へと結実することになる。

第3節　無償化政策議論の整理

　そもそも子育てには，教育的側面と養護という福祉的側面がある。以上見てきた政策議論を示すと図1のように纏められる。

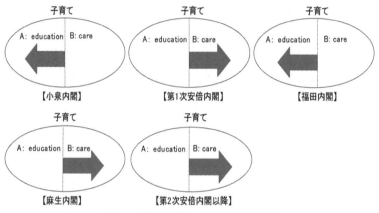

図1　無償化議論における強調領域

　無償化議論は，本来，「A：教育（education）」と「B：養護（care）」の双方の領域における「子育て」の支援を双方の領域において展開すべきものであるが，小泉内閣においてAの領域をより強調していた。それが第1次安倍内閣においてBの領域の強調へとシフトした。しかし，福田内閣において小泉プラン同様Aの領域の強調へと一時的に回帰する。それが経済成長を軸に置く麻生内閣でBの領域を強調する姿勢が再び鮮明になり，Aの領域による議論は後退していく。この流れは，第2次安倍内閣に受け継がれ，今次の無償化政策として具体化したと言える。

　当然のことながら，2019年無償化政策は，財源の確保ができて

こそ実現するものとなる。したがって，財源確保にあたり，政治状況に応じて，その必要性を語る根拠が教育と福祉の領域において揺れ動いていたと言える。この点，安倍内閣は，一貫してBの領域をより強調して無償化議論を行ってきたと考えられる。それ故，2019年無償化政策は，教育制度改革を果たすための議論の結果ではなく，少子化対策に関する議論から維持されてきた養護に要する教育費負担の軽減，ひいては子育て世代への投資という領域を強調した上で実施に移されていったと捉えるべきであろう。

第4節　無償化をめぐる子ども・子育て支援法改正の概要

　今回の無償化制度は，2019（令和元）年5月17日に公布された子ども・子育て支援法の一部を改正する法律（令和元年法律第7号）により，子ども・子育て支援法（平成24年法律第65号）等の一部が改正された結果実現した。本節では，子ども・子育て支援法の改正内容を中心に，無償化制度の内実を整理することにする。

1　無償化制度の概要

　今回の子ども・子育て支援法の改正では，「子育てのための施設等利用給付は，施設等利用費の支給とする」こととされた（30条の2）。そして，子育てのための施設等利用給付の支給要件が明確となり（30条の4），子育てのための施設等利用給付は，以下に示す子どもの保護者に対し，その小学校就学前の子どもの30条の11第1項に規定する特定子ども・子育て支援の利用について行われる。

　給付対象となる子どもは，第一に，満3歳以上の小学校就学前の子どもである。第二に，満3歳に達する日以後の最初の3月31日を経過した小学校就学前の子どもであって，19条1項2号の内

閣府令で定める事由により家庭において必要な保育を受けることが困難である者となる。第三は，満3歳に達する日以後の最初の3月31日までの間にある小学校就学前の子どもであって，19条1項2号の内閣府令で定める事由により家庭において必要な保育を受けることが困難である者のうち，その保護者及び当該保護者と同一の世帯に属する者が30条の11第1項に規定する特定子ども・子育て支援のあった月の属する年度（政令で定める場合にあっては，前年度）分の地方税法の規定による市町村民税（同法の規定による特別区民税を含み，同法328条の規定によって課する所得割を除く）を課されない者である市町村民税世帯非課税者（これに準ずる者として政令で定める者を含むものとし，当該市町村民税の賦課期日において同法の施行地に住所を有しない者を除く）である者である。

　施設等利用費の支給¹⁴は，市町村が行う。具体的には，現に受けている施設等利用給付認定に係る小学校就学前の子どもが，施設等利用給付認定の有効期間内において，市町村長が施設等利用費の支給に係る施設又は事業として確認する子ども・子育て支援施設等から当該確認に係る教育・保育その他の子ども・子育て支援¹⁵を受けたときに，「内閣府令で定めるところにより，当該施設等利用給付認定子どもに係る施設等利用給付認定保護者に対し，当該特定子ども・子育て支援に要した費用（食事の提供に要する費用その他の日常生活に要する費用のうち内閣府令で定める費用を除く。）について」行うこととなっている（30条の11第1項）。施設利用費の給付にあたっては，小学校就学前子どもの保護者が，子育てのための施設等利用給付¹⁶を受ける場合，「内閣府令で定めるところにより，市町村に対し，その小学校就学前子どもごとに，子育てのための施設等利用給付を受ける資格を有すること及びその該当する同条各号に掲げる小学校就学前子どもの区分についての認定を申請し，その認

定」を受けることとされた（30条の5第1項）。

　これら法改正により，2019（令和元）年10月1日から幼稚園，認定こども園，保育所等を利用する3歳から5歳までの全ての子どもの施設等利用費が無償化することとなった。また，0歳から2歳までの子どもについては，住民税非課税世帯を対象として保育所等の施設等利用費が無償となっている。

2　無償化制度の課題

　では，今次の無償化制度の課題は何だろうか。元々，子ども・子育て支援法において，保護者に対する給付としては，「子どものための現金給付」と「子どものための教育・保育給付」の2種類が存在していた。今回の無償化制度の目玉は，これに「子育てのための施設等利用給付」が加えられたことにある（8条）。だがこれは，子育てのための施設等利用の給付が新たに追加されただけに過ぎず，それを「無償化」と表現していることになる。

　結局，無償化制度の内実は，「施設利用料の給付」という点に限られている。幼児教育・保育に要する保護者負担の軽減を図るために実行に移された今回の無償化は，子どもが施設を利用した場合にかかる施設利用料を給付するという制度的保障に止まっていると言えるだろう。つまり，子どもが就学前の時期は施設を利用せず家庭で育てるという保護者に対しては，今回の無償化制度では特段の給付が生まれているとは言えないのである。

　そもそも幼児教育は，家庭における幼児期の教育，地域社会における幼児期の教育を含む概念で捉えられるものである。だが，実現した無償化制度を見ると，家庭教育，地域社会教育に対する支援の充実が抜け落ちている。それゆえ，今次の無償化は，幼稚園，保育所，認定子ども園等の施設を利用する幼児期の子どもを持つ保護者に対する限定的な支援でしかないと言える。

しかし，2019年無償化政策の議論では，第2節で指摘した通り，「人づくり革命」を目指す「子どもへの支援」，「子育て世代への投資」という視点がより強調されてきた。だとするならば，施設利用に限定的に無償化を当てはめるのではなく，小学校就学前までの期間，家庭教育で育まれる子どもに対しても「施設利用料」に代わる子育てに要する費用給付が何らかの形で行われるべきではないか。

　2018（平成30）年度結果の幼稚園・保育所等の年齢別利用者数及び割合によれば，3歳児の推計未就園児は5.1万人，4歳児では2.7万人，5歳児で1.7万人とされている。[22]今回の無償化制度は，3歳から5歳児の「全ての子ども」に対する措置の実現ではないことを見落としてはならないだろう。

おわりに—問題提起

　今回の無償化制度を見てみると，二つの課題が指摘できる。第一に，政策議論の過程において，養護の側面による無償化の必要性が強調され，教育の視点からの議論が後退し，見えなくなったという点である。幼児期の教育が人格形成に重要であるという視点をより鮮明に打ち出し，それを担保するために幼稚園教育要領，保育所保育指針，幼保連携型認定こども園教育・保育要領といった国家のコントロール下における施設での教育の重要性から，無償化政策の議論が行われることが弱かったといえる。教育制度学という視点からは，「教育」の視点からの検討の弱さに課題を感じざるを得ない。

　第二に，結局のところ，今回の無償化制度は，「無償化」というキーワードを掲げながら，その内実は「施設利用料」の無償に過ぎないという点である。それ故，今回の制度の拡充については，施設を利用しなければその恩恵を受けることができないシステムを「幼児教育・保育の無償化」と称することへの妥当性という課題が浮上することになる。

　今後，幼児教育・保育の無償化について，子育てにおける福祉的領域の視点からさらに一歩進めた政策を実行に移すのであれば，一つの方法としては，児童手当の増額が考えられる。将来の人づくりのために保護者が責任を果たすことを期して，対象年齢にあたる小学校就学前の子どものいる全家庭に，現在の児童手当より一定の金額を増額して給付する方法である。ただ，この児童手当の増額給付にも課題は残る。保護者が人づくり革命を理解し，児童手当を子どもの成長を支える活動に支出するか否かの管理が難しい点である。

　幼児教育・保育の無償化は動き出したばかりの制度である。今後，教育機能に照らして幼児期の教育の重要性が強調されることになれば，無償化制度の見直し議論が行われることもあり得るであろう。その際には，教育制度学の視点から無償化制度の再検討が行われるべきではないだろうか。

【註】

1　秋川教授は，日本教育制度学会幼児教育部会の議論において，「幼児教育・保育」と併記する理由を，「幼児教育」とすると幼稚園教育のみがイメージされ，保育所等における教育や家庭，地域社会の教育的機能が含まれないとする誤解が生まれる可能性が否定できないためと説明している。2019年無償化政策においては，長年，「幼児教育の無償化」と称して議論が展開されていた。これは，秋川教授の指摘同様，幼児教育という用語が幼児期の子どもに対する広義の教育を指すという視点に立ち，幼稚園教育に限定した無償化政策の議論に止めることがないようにという意味で使用してきたものと考えられる。しかし，2017（平成29）年に閣議決定された「経済財政運営と改革の基本方針2017」では，「幼児教育・保育の早期無償化」と，無償化政策の議論において「幼児教育・保育」と併記するに至っている。この背景には，本章で後述するように，福祉的視点による無償化政策の議論が存在したからと見ることができる。したがって，本章においても「幼児教育・保育」と併記するが，その主旨は，2019年無償化政策をめぐる議論において

は，幼児期の子どもに対する教育的視点のみならず，福祉的視点が盛り込まれたことを示すことにある。

2　代表的なものとして，「幼児教育振興プログラム」(2001年) がある。

3　当時，少子化社会への対策として，2005 (平成17) 年度から2009 (平成21) 年度までの5年間に講ずる具体的な施策内容と目標を掲げた「子ども・子育て応援プラン」が実施されていた (内閣府『平成17年版少子化社会白書』)。こうした状況を受けて，第1次安倍内閣下では，「子育て応援」というキーワードが使用されていたものといえる。

4　第164回国会衆議院教育基本法に関する特別委員会第9号 (平成18年6月5日) 会議録参照。

5　第165回国会衆議院予算委員会第2号 (平成18年10月5日) 会議録参照。

6　ねじれ国会とは，衆議院においては与党が過半数の議席を持っているが，参議院では野党が議席の過半数を占めているという状態を指す。

7　基本的方向2「個性を尊重しつつ能力を伸ばし，個人として，社会の一員として生きる基盤を育てる」に位置付いていた政策の一つである。

8　基本的方向4「子どもたちの安全・安心を確保するとともに，質の高い教育環境を整備する」に位置付いていた政策の一つである。

9　教育再生懇談会「これまでの審議のまとめ―第一次報告―」(平成20年5月26日)
https://www.kantei.go.jp/jp/singi/kyouiku_kondan/houkoku/matome.pdf (2020年10月28日最終アクセス)。

10　政府の方針を受けて文部科学省は，2015 (平成27) 年度から幼児教育を段階的に無償化する方針を立てていた。しかし，2014 (平成26) 年11月，下村文部科学大臣 (当時) から消費税10％への引き上げの延期により，財政的に幼児教育の段階的無償化の実現は厳しいとの判断が示される結果となった (日本経済新聞2014年11月18日「文科相，幼児教育の無償化「厳しい状況」」)。

11　この変化の背後には，2014 (平成26) 年に2012 (平成24) 年値の子どもの貧困率が厚生労働省より発表されたことがあると考えられる。調査結果では，社会全体の貧困率を子どもの貧困率が初めて上回ったことが示され，子どもの6人に1人が相対的貧困にあるとされていた。

12　第198回国会内閣委員会第10号（平成31年4月3日）会議録参照。

13　特定子ども・子育て支援については，註15を参照。

14　施設利用費の給付対象となる施設である「子ども・子育て支援施設等」
　　としては，①認定こども園，②幼稚園，③特別支援学校幼稚部，④児童福祉
　　法6条の3第7項に規定する一時預かり事業（7条10項5号に掲げる事業
　　に該当するものを除く），⑤児童福祉法6条の3第13項に規定する病児保
　　育事業のうち，当該事業に従事する従業者及びその員数その他の事項につい
　　て内閣府令で定める基準を満たすもの，⑥児童福祉法6条の3第14項に規
　　定する子育て援助活動支援事業（同項1号に掲げる援助を行うものに限る）
　　のうち，市町村が実施するものであることその他の内閣府令で定める基準を
　　満たすもの，などが該当する（7条10項）。

15　ここで言う当該確認に係る教育・保育その他の子ども・子育て支援とは，
　　①30条の4の各号に掲げる小学校就学前の子どもが籍を置く認定こども園，
　　②3歳以上の子どもで30条の4第1号若しくは第2号に掲げる小学校就学
　　前の子ども又は同条第3号に掲げる小学校就学前の子どもが籍を置く幼稚園
　　又は特別支援学校幼稚部，③30条の4第2号又は第3号に掲げる小学校就
　　学前の子どもが籍を置く7条10項4号から8号までに掲げる子ども・子育て
　　支援施設等の区分に応じ，①から③に定める小学校就学前の子どもに該当す
　　る「施設等利用給付認定子ども」（現に受けている施設等利用給付認定に係る
　　小学校就学前の子どものこと）が受けるものに限るとされている。なお，この
　　ことを子ども・子育て支援法上，「特定子ども・子育て支援」という。

16　ここで言う小学校就学前子どもとは，子ども・子育て支援法30条の4
　　で掲げられてる子どもを指す。

17　幼稚園，認定こども園，保育所に加えて，小規模保育・家庭的保育・居
　　住訪問型保育・事業所内保育といった地域型保育や企業主導型保育事業につ
　　いても同様に無償化の対象となっている。

18　通園送迎費，食材料費，行事費等については，原則的に保護者が負担す
　　ることについて変わりはない。

19　2019（令和元）年10月からの制度開始時に，実態は保育所や幼稚園に
　　近いが，運営形態などを理由として幼稚園類似施設は無償化の対象外とされ
　　た。しかし，施設の利用者から不公平であるとする不満が上がり，文部科学

省は，2020（令和2）年度の予算案で関連経費に補助金を計上し，自治体を通じて対象施設に活動経費を提供するとした（東京新聞2019年12月21日）。

20　なお，2019（令和元）年6月5日，児童福祉法施行令の一部を改正する政令（令和元年政令第20号）並びに児童福祉法施行規則及び障害児通所給付費等の請求に関する省令の一部を改正する省令（令和元年厚生労働省令第9号）が公布された。これにより，2019（令和元）年10月1日以降，就学前の障害児の発達支援の無償化の対象となる3歳から5歳までの通所給付決定又は入所給付決定にかかる障害児を養育している保護者については，施設等利用にかかる負担額が0円になっている（児童福祉法施行令24条，25条の2，27条の2）。内閣府「幼児教育・保育の無償化に関する説明資料」を参照。

https://www8.cao.go.jp/shoushi/shinseido/musyouka/pdf/musyouka1.pdf（2020年9月13日最終アクセス）。

21　無償化制度の運用例については，内閣府「幼児教育・保育の無償化の主な例」を参照。

https://www8.cao.go.jp/shoushi/shinseido/musyouka/pdf/musyouka2.pdf（2020年10月28日最終アクセス）。

22　幼児教育の実践の質向上に関する検討会（令和元年10月23日）参考資料3「幼児教育の現状」5頁参照。

https://www.mext.go.jp/content/1421925_08.pdf（2020年10月22日最終アクセス）。

【参考文献一覧】

伊藤良高ほか編（2010）『新教育基本法のフロンティア』晃洋書房
文部科学省幼児教育課（2009）「幼児教育の無償化の論点」
　　https://www.mext.go.jp/b_menu/shingi/chousa/shotou/049/shiryo/__icsFiles/afieldfile/2009/05/27/1267501_1.pdf（2020年10月28日最終アクセス）

第6章

子ども・子育て支援制度の中の幼児教育・保育制度をめぐる課題

松島のり子 <small>(お茶の水女子大学)</small>

はじめに

　乳幼児期の子どもを育む営みは，家庭，地域，幼児教育・保育施設等において脈々と続けられている。乳幼児期は，人間として生きていくうえでの基盤を築くかけがえのない時期である。少子化に歯止めがかからず，家庭や地域の子どもをとりまく環境について課題が指摘されて久しいこんにち，子どもと子育てを，社会のしくみをとおして「支援」することが必要とされている。日本の公的な幼児教育・保育施設として代表的な幼稚園，保育所，認定こども園には，子どもを育む役割に加え，「少子化対策としての「子育て支援」が重要な役割・機能として位置づけられて」（秋川 2019, p.36）きた。

　2015 年 4 月に本格的に実施された「子ども・子育て支援新制度」（以下，本文では「新制度」と略記する）は，従来の幼児教育・保育をめぐる制度に関わって大きな転換点となった。「新制度」の中核をなす「子ども・子育て支援法」（2012 年 8 月 22 日法律第 65 号）における「子ども・子育て支援」の定義を確認すると，7 条 1 項に次のように規定されている。

　　この法律において「子ども・子育て支援」とは，全ての子どもの健やかな成長のために適切な環境が等しく確保されるよう，国若しくは地方公共団体又は地域における子育ての支援を行う者が

実施する子ども及び子どもの保護者に対する支援をいう。

　「子ども・子育て支援」は，すべての子どもに対して，健やかに育ちゆくために「適切な環境」を，平等に保障することをめざすものである。「父母その他の保護者が子育てについての第一義的責任を有する」ことを基本とし，「家庭，学校，地域，職域その他の社会のあらゆる分野における全ての構成員」が協力し合うこと（2条1項），子ども・子育て支援の内容と水準の質を追求するとともに，保護者の経済的負担に配慮すること（2条2項），「地域の実情に応じて，総合的かつ効率的に提供」すること（2条3項）が「基本理念」となっている。子ども・子育て支援法には，「市町村等の責務」（3条），「事業主の責務」（4条），「国民の責務」（5条）を規定していることからも，社会全体で「子ども・子育て支援」を充実させようとする意図を窺うことができる。
　本章では，日本の幼児教育・保育制度の転換点ともなり，本格実施後も改正が重ねられてきている「新制度」の特徴と変遷を概観し，いくつかのポイントに着目して，幼児教育・保育制度をめぐる課題について考えていくこととしたい。

第1節　「子ども・子育て支援新制度」の概要

　「新制度」の成立経緯は多くの先行研究で詳述されている（小林2012；田村／古畑編2013；保育研究所編2014など）。全体像が壮大で複雑ゆえ，施行前から多くの解説書が刊行され，課題も指摘されてきた（松島2016）。ここでは成立した「新制度」の特徴と，2015年本格実施以後も「変容し続けている」（逆井2019，p.58）動向について概観しておきたい。

1 「子ども・子育て支援新制度」の特徴

　2012年8月10日，「子ども・子育て支援法」「就学前の子ども
に関する教育，保育等の総合的な提供の推進に関する法律の一部を
改正する法律」「子ども・子育て支援法及び就学前の子どもに関す
る教育，保育等の総合的な提供の推進に関する法律の一部を改正す
る法律の施行に伴う関係法律の整備等に関する法律」の子ども・子
育て関連3法が可決，成立し，同月22日に公布された。これらは
「新制度」を支える法律であり，2015年4月に全面施行となった。

　社会保障と税の一体改革の一環でもある「新制度」は，消費税率
引き上げによる増収を財源に充てることを前提として成立した。実
際の増税は当初の予定からずれ込んだものの，2014年4月には5
％から8％へ，2019年10月には軽減税率制度の実施とあわせて
10％へと引き上げられた。少なくとも財政面では，すべての国民
が支えていく構造となった。

　「新制度」は，幼児教育・保育と子ども・子育て支援を総合的に
推進し，地域の実情に応じて子育て環境の改善を図ることをめざし
ている。その実現にむけて，社会全体での費用負担を基盤とし，基
礎自治体である市町村が実施主体となり，子ども・子育て支援の計
画を立てて実行していく。「新制度」の主要なポイントとして，次
の3つを挙げることができる。

　①　認定こども園制度の改善
　②　地域型保育事業への財政支援の創設
　③　地域の実情に応じた子育て支援の充実

　①については，既存の幼稚園や保育所から認定こども園への移行
は義務づけず，従来の制度を踏襲しつつ政策的に促進することとし
た。大きく変わったのは，文部科学省と厚生労働省による二重行政

の解消を図るために，財政措置が「施設型給付」で一本化されたことである。さらに「幼保連携型認定こども園」は，「学校及び児童福祉施設としての法的位置付けを持つ単一の施設」として，新しい位置づけとなった。

②については，制度上の位置づけや公費による財政支援のなかった小規模保育・家庭的保育・居宅訪問型保育・事業所内保育の各事業を，市町村による認可事業として児童福祉法に定め，「地域型保育給付」の対象とした。主に0-2歳児が対象で，都市部では待機児童の解消，人口減少地域では子育て支援機能の維持を期した。

③については，利用者支援，地域子育て支援拠点，一時預かり，乳児家庭全戸訪問，養育支援訪問，子育て短期支援，子育て援助活動支援（ファミリー・サポート・センター），延長保育，病児保育，放課後児童健全育成，妊婦健診，実費徴収に係る補足給付，多様な事業者の参入促進・能力活用の13事業が法定化された。市町村の判断で実施でき，在宅の子育て家庭への支援も含めて充実が図られた。

2 「子ども・子育て支援新制度」施行後の改革動向

当初，「新制度」は教育・保育の施設型給付・地域型保育給付と地域子ども・子育て支援事業を二本柱としていた。

そこへ施行後5年の間（2019年度まで）に，「企業主導型保育事業」を含む「仕事・子育て両立支援事業」と「幼児教育・保育の無償化」に関する「子育てのための施設等利用給付」が加わり，図1のような四本柱となった。施行前から「複雑」といわれた「新制度」は，その後の改革も含めていっそう複雑さを増しているところである。幼児教育・保育の無償化については第5章で取りあげられるため，ここでは「企業主導型保育事業」など，待機児童対策に関わる改革を取りあげる。

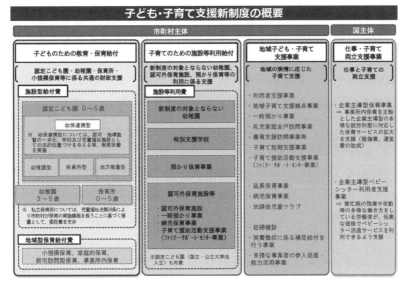

図1　子ども・子育て支援新制度の概要

出典：内閣府（2020）『令和2年版　少子化社会対策白書』全体版（PDF版），p.74より

(1)　企業主導型保育事業の創設

　「新制度」本格実施の翌2016年度には，「企業主導型保育事業」が創設された。政府が2013年4月に策定した「待機児童解消加速化プラン」に関して，2015年11月に「保育の受け皿整備」の目標を40万人分から50万人分とし，上積み10万人分のうち5万人分は企業主導型保育事業により確保することとした（内閣府2016）。

　企業主導型保育事業は「新制度」に位置づいているものの，実施主体は市町村ではなく，「国主体」で行う「仕事と子育て両立支援事業」である。事業所内保育を主軸としつつ，多様な就労形態に対応する「保育サービス」を拡充することで，「待機児童」の解消を図り，仕事と子育ての両立に資することを目的としている。

　利用定員は6名以上とし，「従業員枠」と「地域枠」（原則として利用定員全体の50%以下）の区分を設定することとなっている。

企業主導型保育事業による保育施設は「認可外保育施設」となり，認可保育所に適用される基準よりも施設設備の基準や保育士の資格要件等が緩やかに設定されている。事業実施は公益財団法人児童育成協会が担い[3]，整備費・運営費の支援に関しては，事業主等から徴収する拠出金率の上限を引き上げて財源とした。

⑵ 「子育て安心プラン」による待機児童対策

　前述の「待機児童解消加速化プラン」の後継として，政府は2017年6月に「子育て安心プラン」を策定した。2018年度から2年間で約22万人分の定員を増やし，「遅くとも」2020年度末までの「3年間で全国の待機児童を解消」することを目標とした。同時に，日本の女性就業率の傾向として特徴的な「M字カーブ」を解消するため，2022年度末までの5年間で（先の22万人分を含む）約32万人の「受け皿整備」を掲げた。具体的な施策となる「6つの支援パッケージ」では，「保育の受け皿の拡大」「保育の受け皿拡大を支える「保育人材確保」」「保護者への「寄り添う支援」の普及促進」「保育の受け皿拡大と車の両輪の「保育の質の確保」」「持続可能な保育制度の確立」「保育と連携した「働き方改革」」が提示された。

　とくに「保育の受け皿の拡大」では，既存の幼児教育・保育施設や事業のあり方に影響する施策が打ち出されている。たとえば，待機児童の内訳は1，2歳児が7割を超えていることを理由とした，「一時預かり事業（幼稚園型）」を活用した幼稚園における2歳児の受け入れ推進，幼稚園の認定こども園への移行や小規模保育事業等の実施促進，預かり保育の長時間化・通年化の推進，企業主導型保育事業の従業員枠・地域枠の弾力的運用，都市公園や郵便局，学校の余裕教室や民間企業の遊休施設等を活用した保育の場の整備などが挙げられる（首相官邸 2017）。「新制度」実施以前以後のもの

を含め，制度規定を極めて柔軟に運用する政策が打ち出された。

第2節　「子ども・子育て支援新制度」施行後の
　　　　幼児教育・保育

　「新制度」は先行研究でもさまざまに評されてきた。なかでも注目しておきたいのは，子どものためであり，幼児教育・保育のしくみを大きく変える制度でありながら，幼児教育・保育を中心に議論されてきたわけではない，という指摘である。たとえば，中山徹は「新制度の入口は経済対策で，出口は消費税率の引き上げです。入口，出口とも保育や幼児教育ではありません」（中山 2014, p.9；2019, p.13）とくり返し述べ，「新制度」の特徴として強調している。秋川陽一も同様に，「そもそも発端からして，この新制度構想には子どものための教育・保育制度を設計するという発想はなく，新自由主義経済体制の確立を目指す自民党政権下の「経済財政政策」としてスタートした」と記している（秋川 2019, p.44）。

　では，「新制度」の実施後，幼児教育・保育にはどのような変化がもたらされているのか。以下では，認定こども園の普及，待機児童対策としての成果についてみていきたい。

1　認定こども園の普及

　2015年の「新制度」本格実施以降，2006年に制度化された「認定こども園」は広く定着しつつある。前述のように，「新制度」では認定こども園の財政措置が一本化され，「幼保連携型認定こども園」については「学校及び児童福祉施設としての法的位置付けを持つ単一の施設」として制度を改め，政策的普及がめざされた。制度発足以来，認定こども園は緩やかに増加していたものの，「新制度」実施以降，4類型（幼保連携型・幼稚園型・保育所型・地方裁量型）をあわせた施設数は加速的に増えていく。

表1　幼稚園・保育所・認定こども園の施設数の推移

年	幼稚園				保育所			認定こども園				
	国立	公立	私立	合計	公営	私営	合計	幼保連携型	幼稚園型	保育所型	地方裁量型	合計
2006	49	5,469	8,317	15,841	11,510	11,210	22,720	0	0	0	0	0
2007	49	5,382	8,292	15,730	11,240	11,598	22,838	49	37	13	6	105
2008	49	5,301	8,276	15,634	10,935	11,963	22,898	104	76	35	14	229
2009	49	5,206	8,261	15,525	10,380	11,870	22,250	158	125	55	20	358
2010	49	5,107	8,236	15,402	9,887	11,794	21,681	241	180	86	25	532
2011	49	5,024	8,226	15,310	9,487	12,264	21,751	406	225	100	31	762
2012	49	4,924	8,197	15,182	9,814	13,926	23,740	486	272	121	30	909
2013	49	4,817	8,177	15,056	9,345	14,082	23,427	595	316	155	33	1,099
2014	49	4,714	8,142	14,919	9,090	14,561	23,651	720	411	189	40	1,360
2015	49	4,321	7,304	13,689	8,571	14,741	23,312	1,930	525	328	53	2,836
2016	49	4,127	7,076	13,268	8,215	14,784	22,999	2,785	682	474	60	4,001
2017	49	3,952	6,877	12,895	7,951	14,975	22,926	3,618	807	592	64	5,081
2018	49	3,737	6,688	12,492	7,599	15,223	22,822	4,409	966	720	65	6,160
2019	49	3,483	6,538	12,089				5,137	1,104	897	70	7,208

備考：文部科学省「学校基本調査報告」各年，厚生労働省「社会福祉施設等調査報告」各年，
　　　内閣府「都道府県別の認定こども園の数の推移（平成19年〜31年）」により作成。
　注：幼稚園は5月1日現在，保育所は10月1日現在，認定こども園は，2007年は8月1日
　　　現在，2008年以降は4月1日現在の施設数である。

　表1に示すように，幼稚園は公私立ともに減少傾向にあり，保育所は2007年に公営と私営の施設数が逆転し，公営の減少に対し私営は増加し続けている。そうしたなかで，認定こども園は，2015年以降毎年約1,000施設増え，2019年4月には7,208施設となっている（新設の園と既存の幼稚園や保育所等から移行した園も含む）。なかでも，「幼保連携型認定こども園」は認定こども園全体の7割前後を占めており，顕著に増加してきていることがわかる。

　こうした全国的な動向のなかで，都道府県別に認定こども園の普及状況をみると異なる様子を捉えることができる。表2には，都道府県別の認定こども園数の推移と，「新制度」施行前年の2014年から2019年の間の増設数と増加率を示した。2015年に東京都が

表2　都道府県別認定こども園数の推移

都道府県	2007	2008	2009	2010	2011	2012	2013	2014	2015	2016	2017	2018	2019	2014年～2019年 増設数	2014年～2019年 増加率
北海道	7	16	22	32	41	48	56	72	109	206	284	344	408	336	467%
青森県	1	1	2	4	10	17	20	23	158	208	237	260	287	264	1148%
岩手県	1	5	7	11	18	21	23	30	39	54	63	81	95	65	217%
宮城県	1	1	1	2	9	10	12	14	21	26	30	44	59	45	321%
秋田県	9	12	15	20	24	28	32	37	53	69	81	89	94	57	154%
山形県	3	4	7	7	15	17	20	21	29	44	60	75	85	64	305%
福島県	1	5	8	12	22	26	31	35	35	67	76	90	105	70	200%
茨城県	2	5	11	22	28	31	39	99	164	181	185	198	215	116	117%
栃木県	5	7	7	8	12	16	20	25	56	81	101	116	129	104	416%
群馬県	4	12	18	21	24	27	27	30	68	113	159	206	229	199	663%
埼玉県	0	4	8	13	25	27	32	38	40	54	70	93	119	81	213%
千葉県	1	8	12	15	18	21	26	22	49	67	103	145	178	150	536%
東京都	3	19	33	51	65	74	91	103	93	109	120	129	145	42	41%
神奈川県	4	12	19	25	28	34	40	43	56	78	100	140	187	144	335%
新潟県	0	2	5	10	16	22	26	35	51	82	116	152	197	162	463%
富山県	1	2	3	5	7	10	14	16	34	68	88	103	116	100	625%
石川県	5	5	5	7	7	8	8	9	87	118	145	180	224	215	2389%
福井県	0	1	2	2	7	7	10	10	39	74	88	107	123	113	1130%
山梨県	0	1	1	2	3	3	5	6	26	40	50	64	70	64	1067%
長野県	2	7	8	8	9	10	11	15	20	36	59	68	77	62	413%
岐阜県	0	1	2	3	8	9	9	9	29	59	87	101	130	121	1344%
静岡県	0	0	2	5	9	14	16	23	120	147	194	247	274	251	1091%
愛知県	3	4	5	9	14	16	19	24	58	81	123	169	208	184	767%
三重県	0	0	0	1	2	4	5	5	8	17	27	40	55	50	1000%
滋賀県	1	3	7	14	17	18	23	24	45	58	71	85	97	73	304%
京都府	0	0	0	0	0	0	1	2	13	38	49	77	108	106	5300%
大阪府	1	2	5	13	19	26	35	51	287	376	505	573	655	604	1184%
兵庫県	12	15	19	31	60	72	93	118	230	322	400	463	509	391	331%
奈良県	0	0	1	4	4	7	7	12	27	31	47	60	71	59	492%
和歌山県	0	2	4	6	8	9	10	13	21	31	42	52	58	45	346%
鳥取県	0	0	0	0	3	11	14	17	29	32	34	40	45	28	165%
島根県	0	0	2	2	2	4	6	7	12	29	41	52	58	51	729%
岡山県	0	3	5	6	7	9	13	17	32	49	62	86	111	94	553%
広島県	5	7	12	14	22	27	32	39	56	80	111	134	169	130	333%
山口県	1	1	2	3	5	6	9	11	33	39	46	53	60	49	445%
徳島県	1	2	2	2	2	3	6	9	30	39	46	54	60	51	567%
香川県	0	1	1	1	1	1	1	1	13	23	33	46	67	66	6600%
愛媛県	0	4	8	10	11	16	16	16	32	46	60	74	84	68	425%
高知県	3	3	5	10	15	17	18	20	27	32	34	34	36	16	80%
福岡県	6	9	13	14	24	26	36	40	58	77	93	112	132	92	230%
佐賀県	4	8	10	20	28	31	36	38	48	53	66	74	85	47	124%
長崎県	1	15	26	37	40	42	50	56	85	104	119	135	154	98	175%
熊本県	0	1	1	2	3	3	4	6	52	88	110	133	148	142	2367%
大分県	1	5	5	7	19	23	28	33	87	102	113	127	143	110	333%
宮崎県	2	5	11	17	21	27	34	42	82	127	160	178	192	150	357%
鹿児島県	3	9	16	24	30	30	34	36	90	126	156	198	228	192	533%
沖縄県	0	0	0	0	0	1	1	2	5	20	37	79	129	127	6350%
総計	94	229	358	532	762	909	1,099	1,360	2,836	4,001	5,081	6,160	7,208	5,848	430%

備考：内閣府「都道府県別の認定こども園の数の推移（平成19年～31年）」により作成。各年4月1日現在。

表3　地域型保育事業・企業主導型保育事業の推移

年	地域型保育事業（認可件数：件）					企業主導型保育事業（助成件数）	
	小規模保育	家庭的保育	居宅訪問型保育	事業所内保育	合計	施設（か所）	定員（人）
2015	1,655	931	4	150	2,740		
2016	2,429	958	9	323	3,719		
2017	3,494	926	12	461	4,893	871	20,284
2018	4,298	940	35	541	5,814	2,597	59,703
2019	4,915	919	25	598	6,457	3,817	86,354

備考：厚生労働省「地域型保育事業の認可件数について（平成27年4月1日現在）」「地域型保育事業の件数について（平成28年4月1日現在）」，内閣府（2018）「子ども・子育て支援新制度施行後の動きと見直しの検討について（参考資料）」（2018年5月28日），内閣府『少子化社会対策白書』各年版により作成。

注：地域型保育事業は各年4月1日現在，企業主導型保育事業は2017年は3月30日現在，2018年と2019年は3月31日現在。

前年の施設数から減少した以外は，いずれの都道府県でも年々認定こども園数は増えている。ただし，その増え方は一様ではない。増加率の読み取りには2014年の施設数にも注意が必要で，増設数の多寡と増加率の傾向は必ずしも一致するわけではない。それでも，増加率が顕著（1000％以上）で，「新制度」実施が認定こども園の普及を後押ししたと推測される府県として，青森，石川，福井，山梨，岐阜，静岡，三重，京都，大阪，香川，熊本，沖縄の12府県を挙げることができる。「新制度」の受けとめ方や，認定こども園の普及・定着に及ぼした影響の程度は，都道府県の間でもさまざまであったことがわかる。

2　待機児童対策としての成果

　続いて，「新制度」は待機児童対策としてどのように影響したのだろうか。まず，「地域型保育事業」の認可件数と企業主導型保育事業の助成件数の推移をみておく。表3には，地域型保育事業の各認可件数と企業主導型保育事業の助成件数（施設・定員）について，それぞれの推移を示した。いずれも件数は増えており，量的拡大を遂げることで「保育の受け皿」整備は進められてきたことがわかる。

表4 保育施設等の定員数・児童数・充足率と待機児童数の推移

年	保育所 保育所型認定こども園			幼保連携型 認定こども園			幼稚園型／地方裁量型 認定こども園			地域型保育事業			定員 充足率 (全体)	待機 児童数
	利用 定員数	利用 児童数	充足 率	利用 定員数	利用 児童数	充足 率	利用 定員数	利用 児童数	充足 率	利用 定員数	利用 児童数	充足 率		
2014	2,335,724	2,266,813	97.0											21,371
2015	2,262,645	2,159,357	95.4	186,302	171,301	91.9	23,886	19,428	81.3	34,046	23,528	69.1	94.7	23,167
2016	2,248,716	2,136,443	95.0	273,454	257,545	94.2	29,713	24,724	83.2	52,327	39,895	76.2	94.4	23,553
2017	2,238,340	2,116,341	94.5	359,423	342,523	95.3	35,146	30,882	87.9	70,446	56,923	80.8	94.2	26,081
2018	2,231,144	2,088,406	93.6	440,147	417,194	94.8	42,724	37,086	86.8	86,564	71,719	82.9	93.4	19,895
2019	2,218,725	2,059,132	92.8	520,647	493,397	94.8	49,745	45,256	91.0	99,042	81,866	82.7	92.8	16,772

備考：厚生労働省（2019）「保育所等関連状況とりまとめ（平成31年4月1日）」により作成。
注：特定教育・保育施設（幼保連携型認定こども園，幼稚園型認定こども園，地方裁量型認
　　定こども園）と特定地域型保育事業（小規模保育，家庭的保育，事業所内保育，居宅訪
　　問型保育）については，2号・3号認定の数値を示す。

　こうした保育の場の量的拡大は，果たして待機児童の解消につな
がっているのだろうか。表4には，保育施設等の定員数・児童数・
充足率と待機児童数の推移を示した。まず，定員数については，保
育所と保育所型認定こども園をあわせると減っており，幼保連携型，
幼稚園型，地方裁量型の認定こども園と地域型保育事業については，
普及の動向と同様，着実に増えてきている。しかし，利用児童数と
充足率をみると，全体として定員に余剰が生じていること，保育所
と保育所型認定こども園では利用児童数と充足率も減少しているこ
と，保育所型以外の認定こども園と地域型保育事業では，利用児童
数も充足率も増加してきていること，ただし，幼保連携型認定こど
も園に比べて，幼稚園型認定こども園と地方裁量型認定こども園，
地域型保育事業の充足率は低いことがわかる。

　待機児童数は，2017年まで増え続け，2018年以降減少が続い
ている。保育の場が，必要とするところに適確に整備されていれば，
少なくとも統計上の待機児童数はゼロとなり，それでも余りが出る
くらい量的拡大は進んでいる。しかし，制度を改め，財政を投じて，
多くの人びとの力によって整備された場が，必ずしも活用しきれて
いない実態が窺われる。こうした状況の背景として，保育所入所率
の急増，保育ニーズや保育供給の偏り，潜在需要の顕在化，待機児

童が多い都市部における，定員充足率が低い小規模保育や企業主導型保育の増加などが指摘されている（前田2017, p.79；中山2019, pp.86-89）。

また，地域型保育事業の充足率が低く，保護者からも選ばれにくい傾向があることは事例研究によっても明らかにされており，配置する保育者の資格要件や3歳以降の保育保障が課題となっている（山本2016）。「①国の待機児童数の解消や，②事業計画上の足し算・引き算による量の整備と，「入園に対する地域の満足度」は，完全に重なっていない」現実もあるという（水畑2018, p.102）。

さまざまな改革によって保育の受け入れ定員増加を図り，各地域の状況に合わせた施策の必要性も考慮されてはいるものの，"つぎはぎ状態"の待機児童対策は課題を抱えているといえそうである。待機児童の解消は量と質が両方満たされて子育て支援となり得る。保護者の就労保障や「受け皿整備」ばかりを追求するのではなく，子どもが育つ環境を整備するという視点が必要であろう。

第3節　子どもの育ちと幼児教育・保育制度

前節でみた「新制度」による変化は一部に過ぎないものの，「新制度」は子どもの育つ環境にさまざまな位相で影響をもたらしている。そして，制度を介して幼児教育・保育をめぐる課題を顕在化させている側面もあるように思われる。それは「新制度」が幼児教育・保育の文脈で議論されてこなかったひずみであるのかもしれない。以下では，多様化と子どもの育ちの保障，乳幼児期の教育・保育観の揺らぎという観点から，幼児教育・保育制度の課題を考えてみたい。

1　多様化と子どもの育ちの保障

「新制度」は，「当初，幼保一体化・一元化を改革の理念としてか

年齢										
7		小学校								
6									認可外施設	
5	幼稚園	保育所	認定こども園 （幼保連携型） （幼稚園型） （保育所型） （地方裁量型）	（幼稚園・保育所・認定こども園等）					認可外 保育施設 幼稚園 類似施設	企業 主導型 保育
4										
3										
2	一時預かり			小規模 保育	事業所内 保育	居宅訪問 型保育	家庭的 保育			
1										
0										

図2　日本における乳幼児期の幼児教育・保育制度（2020年）

備考：筆者作成。

かげていたが，〔中略〕施設制度が3元化され，大変複雑な制度体系となった」（村山2019, p.29）といわれる。「施設型給付」として財源は一本化されながら，幼児教育・保育の場としては，幼稚園，保育所，認定こども園（4類型）という異なる制度体系による複数の施設が存在する。また，主に0-2歳を対象とする「地域型保育給付」の対象として4事業が制度化された。さらに，企業主導型保育事業，認可外保育施設や幼稚園類似施設も幼児教育・保育を担っている。これまでも，多様な幼児教育・保育の場が存在していたが，図2に示すように，「新制度」以後は，「新制度」という枠組のなかで多元的な幼児教育・保育制度が確立したといえる。

　こうした現状は，子ども・子育てを支援するしくみが求められ，「多様な保育ニーズ」「多様な就労形態」（内閣府2020, pp.76-78）に対応してきた一つの結果である。保護者からは幼稚園や保育所に対し，「子どもの社会化の場として多様な経験」も期待されているという（住田・山瀬・片桐2012, p.30）。多様な幼児教育・保育の場の存在は，そうしたニーズや期待に応えていく可能性があるかもしれない。

　しかし，制度的に多様であるからといって，すべての子どもや子育て家庭に対して，その多様性と選択肢を自由に選べる状況が整っているとは限らない。また，制度や政策が応じてきた保育ニーズや

就労形態は，基本的には保護者側の事情によるものである。たとえば企業主導型保育事業のパンフレット[6]に記載された「概要・メリット」をみると，メリットとして「女性活躍の推進」「優秀な人材採用・確保」「地域貢献」「企業イメージの向上」の４つが挙げられている。保護者や事業主にとってのプラス面ばかりである。

保護者は，居住地域あるいは通勤圏内にあり，家庭や仕事などさまざまな事情に鑑みて通うことのできる幼児教育・保育の場に，子どもを通わせることを決める。そして，子どもは，（おそらく選ぶ余地はほぼなく）決められたところへ通い，日々を過ごすことになる。さらに，幼児教育・保育の場の制度的多様性は，施設設備や保育者の資格，保育内容に関する基準の多様性とも連動しており，規制緩和による水準の差をともなう場合がある。幼児教育・保育制度が，子ども一人ひとりの育ちに関わって何を保障できているのか（いないのか），追究していく必要がある。

2　乳幼児期の教育・保育観の揺らぎ

幼児教育・保育制度が多元的であることに加えて，「新制度」では，「教育」「保育」が法律で定義された[7]。この内容は，これまで培われてきた「保育」概念とは異なるとして批判的に捉えられる論調（山内 2014；櫻井・城戸編著 2014 など）があったものの，2020 年現在も内容は変わっていない。

制度が定義する「保育」「教育」は，必ずしも実態における保育，教育の営みのありようを反映していない。制度上の整合性が取れていたとしても，子どもや保護者，保育者など，関わる当事者にとって馴染むものとは限らない。「新制度」実施以降，「教育」「保育」が定義されたもとで，幼児教育・保育の場の多様化も進んでいる。制度が実践を反映しないとすれば，実践と制度の乖離は縮まらないであろうし，教育・保育観の深まりは阻まれ，なおかつ，理解され

にくい状況をつくり続けることになる。しかし他方で，現状の人びとの幼児教育・保育に対する認識の弱さや揺らぎが，そうした制度を意図せず支持してしまっている側面も考えられる。

　「新制度」の成立とその後の経過をたどるなかで，子ども・子育てを社会全体で支えていくという制度の理念に対して，人びとの子ども・子育てに対する関心や認識が十分にともなっているのか，また，待機児童を解消するためにさまざまな規制緩和を促し，あらゆる人や場所を活用しようとする"どこでもだれでも保育"のような政策に，子どもが育つこと，子どもを育てることに対する認識や理解はあるのだろうか，といった疑問がたびたび過ぎった。幼児教育・保育の質や保育者の専門性の向上がめざされる方向性に対して，「新制度」のあり方は必ずしも同じ方向を向いていないところがあるのではないか。本章でも「幼児教育・保育」を併記して用いているが，どこか，「保育」が内包する「教育」を自己否定し，「保育」観を削ぐように狭めているのでは，という懸念がある。伊藤良高が指摘するように，「保育の思想・理念の創造と確立」（伊藤 2016，p.93）が重要であり，「保育」を改めて問い，理解を深めていくとともに，その裾野を広げていくことが必要ではないだろうか。

おわりに─子ども・子育て支援制度と幼児教育・保育の課題と展望

　幼児教育・保育の生涯にわたる人格（人間）形成における重要性が政策のなかでも謳われ，子ども・子育て支援制度の改革と連動して幼児教育・保育の制度改革も進んでいる。しかし，「新制度」の成立とその後の動向から幼児教育・保育制度の課題を考えてみると，幼児教育・保育の場の多様化が有する可能性と問題点や，制度を考える前提として，子どもの育ちに関わる幼児教育・保育に対する認識や理解をさらに深めていく余地があるという課題が見出された。

子ども・子育てに関する眼前の課題には，待ったなしでの対応が求められる。さまざまな制約をともなう限られた現実の条件のなかで，可能な方策を制度化し，実行に移していくことには意義がある。しかしそれが恒常的なしくみになることは，子どもの育ちの観点から考えると危うさを孕む。子どもが過ごす幼児教育・保育の場が，いつでもどこでも，子どもにとっても最善であることが重要である。そのことなくして，幼児教育・保育制度も成り立たないであろう。

　「新制度」は，社会全体による子ども・子育て支援の充実を企図して始まった。人は誰しも"子ども"といわれる時期を過ごし，子どもはやがて大人になる。子ども・子育て支援が充実することで，社会全体の豊かさにつながる可能性がある。「新制度」はそこへむかう契機であり手段である。子ども一人ひとりの健やかな育ちとしあわせの実現のためには，幼児教育・保育——とりわけ「保育」の本質を今一度問い，子ども・子育て支援をめぐる制度，そして幼児教育・保育の制度を改善していくことが必要なのではないだろうか。

【註】

1　制定当初より呼称については次のように言及されていた。「制度施行後（2015年4月以降）は「新」がとれて「子ども・子育て支援制度」となるべきものであるが，「新制度」という呼称が定着しているため，施行後もしばらくの間は継続して使用される可能性がある。しかし，本制度の位置づけとしては，高齢者福祉制度のなかの介護保険制度，障害者福祉制度のなかの障害者施設等給付制度，子ども家庭福祉制度のなかの子ども・子育て支援制度という位置づけとなる」（松山洋平「子ども・子育て支援新制度」森上史朗／柏女霊峰編（2015）『保育用語辞典』第8版，ミネルヴァ書房，pp.435-436）。施行後6年目の2020年時点でも，たとえば内閣府HPでは「子ども・子育て支援新制度」が用いられている（内閣府 https://www8.cao.go.jp/shoushi/index.html 2020.08.25最終閲覧）。

2　当初は2015年10月に10％に引き上げる予定であったが，経済情勢に

鑑み，2014年11月には2017年4月に延期すること，さらに2016年6月には2019年10月に再延期することが表明された（「消費税10％への引き上げ，2度延期」『日本経済新聞』朝刊，2018年10月15日付，p.3）。

3　企業主導型保育事業点検・評価委員会による内閣府に対する要請もふまえ，2020年3月6日に附帯条件を付したうえで実施機関として継続することが決定した（内閣府「企業主導型保育事業等」https://www8.cao.go.jp/shoushi/shinseido/links/index.html 2020.08.27最終閲覧）。

4　中山（2014）では，「消費税率の値上げです」と記されている。

5　表4には企業主導型保育事業の数値を含めていないが，中山（2019）によれば，2018年3月時点の企業主導型保育事業の定員充足率は60.6％であった。また，企業主導型保育事業は，審査を経て助成の決定を受けながら，「整備費の助成申込において不正を行っていた」「合理的な理由なく，施設の運営が開始されないため」といった理由で，助成取り消しとなる事例も少なからず生じている（企業主導型保育事業ポータル「助成決定取消」https://www.kigyounaihoiku.jp/info-cat/ 2020.08.27最終閲覧）。

6　内閣府「企業主導型保育事業パンフレット」（https://www8.cao.go.jp/shoushi/shinseido/ryouritsu/publicity/pamphlet.html　2020.08.27最終閲覧）。

7　「子ども・子育て支援法」によると，「「教育」とは，満三歳以上の小学校就学前子どもに対して義務教育及びその後の教育の基礎を培うものとして教育基本法（平成十八年法律第百二十号）第六条第一項に規定する法律に定める学校において行われる教育をいう」（7条2項），「「保育」とは，児童福祉法第六条の三第七項に規定する保育をいう」（7条3項）と定められている。

【文献一覧】

秋川陽一（2019）「「幼児期教育」制度改革の特徴と政治主導の課題」日本教育制度学会紀要編集委員会編『教育制度学研究』26号，東信堂，pp.36-52

伊藤良高（2016）「保育制度研究の視点と課題」熊本学園大学論集『総合科学』21巻1号，pp.87-97

小林孝明（2012）「新たな子ども・子育て支援制度の創設―子ども・子育て

関連3法案─」参議院事務局企画調整室編刊『立法と調査』333号，
　　pp.32-47

逆井直紀（2019）「新制度の概要─給付と事業，その財源」全国保育団体連
　　絡会／保育研究所編『保育白書　2019年版』ちいさいなかま社，pp.58-
　　60

櫻井慶一・城戸久夫編著（2014）『「保育」の大切さを考える　新制度の問題
　　点を問う』新読書社

首相官邸（2017）「子育て安心プラン」「6つの支援パッケージ」（2017年6
　　月2日）（http://www.kantei.go.jp/jp/headline/taikijido/ 2020.8.31
　　最終閲覧）

住田正樹・山瀬範子・片桐真弓（2012）「保護者の保育ニーズに関する研究
　　─選択される幼児教育・保育─」『放送大学研究年報』30号，pp.25-30

田村和之／古畑淳編（2013）『子ども・子育て支援ハンドブック』信山社

内閣府（2016）『平成28年版　少子化社会対策白書』全体版（PDF版）

内閣府（2020）『令和2年版　少子化社会対策白書』全体版（PDF版）
　　（https://www8.cao.go.jp/shoushi/shoushika/whitepaper/index.html
　　2020.8.31最終閲覧）

中山徹（2014）「新制度の本質とこれからの展望」中山徹／藤井伸生／田川
　　英信／高橋光幸『保育新制度　子どもを守る自治体の責任』自治体研究社，
　　pp.5-25

中山徹（2019）『だれのための保育制度改革──無償化・待機児童解消の真
　　実』自治体研究社

保育研究所編（2014）『これでわかる！子ども・子育て支援新制度─制度理
　　解と対応のポイント─』ちいさいなかま社

松島のり子（2016）「保育・幼児教育制度の研究動向─「子ども・子育て支
　　援新制度」を中心に─」日本教育制度学会紀要編集委員会編『教育制度学研
　　究』23号，東信堂，pp.154-161

前田正子（2017）「保育問題解決に向けての複合的な政策アプローチの必要
　　性」公益財団法人医療科学研究所『医療と社会』27巻1号，pp.77-88

水畑明彦（2018）『自治体職員が書いた子ども・子育て支援新制度の基礎が
　　わかる本　「子どもの最善の利益」「認定こども園化」「待機児童」「保育の

質」「保育の保障」をどうしていくのか』デザインエッグ

村山祐一（2019）「保育所・幼稚園・認定こども園と新制度」前掲書『保育
　白書　2019年版』pp.29-33

山内紀幸（2014）「「子ども・子育て支援新制度」がもたらす「保育」概念の
　瓦解」『教育学研究』日本教育学会，81巻4号，pp.26-40（408-422）

山本広志（2016）「子ども・子育て支援新制度と保育所入所選考」『山形大学
　紀要（教育科学）』16巻3号，pp.49-63（219-233）

第7章

幼児教育・保育制度改革と
保育施設経営の課題

伊藤 良高 （熊本学園大学）

はじめに

　2018年6月に策定された「教育振興基本計画」は，「近年，幼児期の教育がその後の学力や運動能力に与える影響や，大人になってからの生活への影響に関する研究が進展しており，幼稚園や保育所，認定こども園の区分や設置主体の違いに関わらず，全ての子供が健やかに成長できるよう，幼児期から質の高い教育を提供することの重要性が高まっている」と述べている。このように，近年の日本において，かつてないほど幼児期の教育（以下，「幼児教育」という）に対する社会的な関心が高まってきているが，国及び地方公共団体レベルでは，幼児教育・保育制度改革の一環としての「子ども・子育て支援新制度」の施行（2015年4月）や幼児教育・保育の無償化（2019年10月）など，幼児教育の振興に係る施策が積極的に展開されつつある。

　本章は，近年における幼児教育・保育制度改革の動向と課題について，保育施設（ここでは，保育所，幼稚園，認定こども園を指す）経営という側面から考察することを目的とするものである。この目的を果たすために，構成は次のようになる。まず，近年における幼児教育・保育制度改革と保育施設経営をめぐる動向について概観する。次いで，保育施設経営の現状と問題点について解明する。そして，最後に，子どもと保護者の幸福のトータルな保障をめざす

理論的・実践的概念としての「保育ソーシャルワーク」の視点から，保育施設経営改革の課題と展望について考察したい。

第1節　幼児教育・保育制度改革と保育施設経営

1　近年における幼児教育・保育制度改革の動向

　近年，保育所・幼稚園・認定こども園等幼児教育・保育制度及びそれらの経営を取り巻く改革の動向が頗るめまぐるしい。

　それは，主として，2000年代以降における国家教育戦略に規定された幼児教育・保育政策に基づくものであり，少子高齢化やグローバル化を背景に，規制緩和及びそのパラドクスとしての規制強化が織り交ぜられながら，多面的かつ重層的に展開されている。すなわち，国は2000年代半ば以降，しきりに就学前教育または幼児教育の重要性を提唱するようになり，「幼児期からの人間力向上」または「就学前を含めた幼少期の人的資本形成」といったスローガンのもと，具体的な施策として，「幼保一体化」や幼稚園・保育所・小学校等の相互連携，さらには，幼児教育の無償化や義務教育化などを提示している（伊藤2011）。

　その直接的契機となった内閣府「経済財政運営と構造改革に関する基本方針2005」（2005年6月）は，21世紀の日本経済にとって最も重要な環境変化である少子高齢化とグローバル化を乗り切る基盤をつくるために，「何よりも人間力を高めなくてはならない」と述べ，その取り組みの1つとしての「次世代の育成」について，「幼児期からの人間力向上のための教育を重視」することを提案した。また，経済産業省「経済成長と公平性の両立に向けて─『自立・共生社会』実現の道標」（2007年10月）は，経済成長と公平の両面に強い影響を持つ「人的資本」の充実を経済政策の主な目標に掲げ，基礎能力を充実する幼少期（出生から義務教育修了まで）における就学前教育，義務教育の重要性を指摘した。これら以

降，自由民主党「幼児教育の振興について」（2015年5月）をはじめ，議員立法として衆議院に提出された「幼児教育振興法案」（2016年5月），また，幼児教育の無償化や待機児童解消を謳った「新しい経済政策パッケージ」（閣議決定。2017年12月）や「経済財政運営と改革の基本方針2018」（2018年6月）など，幼児教育振興策に向けた動きが活発化している。

　前者の規制緩和については，保育・幼児教育行政における国の事務事業の減量・簡素化や国庫補助負担金の廃止・縮減等国の公的責任が大幅に縮減される動きのなかで，保育・幼児教育における競争原理の導入や多様な経営主体の市場参入が推し進められてきた。例えば，幼稚園における預かり保育等多様な保育サービスの充実や学校（園）評価の導入・推進，「3歳未満児入園事業」による2歳児入園の広がり，保護者による選択利用への保育所入所制度の転換，保育所における苦情解決制度の導入や第三者評価事業の実施，保育所への株式会社等民間企業の参入の容認・促進，保育所を設置する社会福祉法人による幼稚園設置の容認，地域型保育事業や企業委託型保育事業の創設などが主な施策として挙げられる。

　また，後者の規制強化については，保育・幼児教育のサービスの充実や公教育の質の向上という観点から，「生きる力」ないし「生涯にわたる人間形成」の基礎や豊かな心と体を育成することが，保育・幼児教育の基本理念として強調されてきた。例えば，「子どもの発達や学びの連続性」，「保・幼・小の連携強化」をスローガンに，2008年3月改訂（定）の文部科学省「幼稚園教育要領」（以下，「教育要領」という）及び厚生労働省「保育所保育指針」（以下，「保育指針」という）における教育機能の拡充や保育・教育内容における「道徳性（規範意識）の芽生え」「生命及び自然に対する興味」「相手の話を聞こうとする態度」などの重視，「保育指針」の告示化を契機とする「規範性を有する基準」としての性格の明確化

（「遵守しなければならないもの」をはじめ，全体として法的拘束力の付与）などが主な内容として挙げられる。

　これらにおいては，国家教育戦略として，幼児期からのグローバル競争対応能力・学力の基礎的形成が志向されており，それがゆえに，従前からの政策トレンドをその基盤からより一層強化するものとなっている。いわば，幼児期からの「人的資本」開発に向けた競争原理と市場原理の導入，拡大，そして，貫徹である（伊藤2018a）。

2　「子ども・子育て支援新制度」と保育施設経営

　上述の動きをさらに加速化させることになるであろうものが，2015年4月にスタートした「子ども・子育て支援新制度」（以下，「新制度」という）である。

　同制度は，「子ども・子育て支援法」（以下，「支援法」と略）を核とする「子ども・子育て関連3法」を法的根拠として，幼児期の学校教育・保育，地域の子ども・子育て支援を総合的に推進することをめざすとされているが，そこでは，①認定こども園，幼稚園，保育所を通じた共通の給付（施設型給付）及び小規模保育等地域型保育への給付（地域型保育給付）の創設，②認定こども園の改善（幼保連携型認定こども園の改善等），③地域子ども・子育て支援事業の創設（地域子育て支援拠点，一時預かり等）などが主なポイントとなっている。新制度については様々な期待と批判が交錯しているが，「支援法」における「教育」と「保育」の法規定は，前者を「学校教育」（7条2項），また，後者を「一時預かり」（7条3項。関連条項として，児童福祉法6条の3第7項）と相異なる概念と捉えるともに，「保育」を「託児」と同義に位置づけており，頗る問題が多い。「幼児教育の振興」を錦の御旗に，国家保育・幼児教育政策として，保育・幼児教育における小学校教育の準備機関化・

下請け機関化を推し進めていこうとするものとなっている（伊藤2018a，p.5）。

　保育施設経営を支える法制度的枠組みは，大要，次のようになっている。すなわち，①認定こども園，幼稚園及び保育所を「教育・保育施設」と呼称する。②子ども・子育て支援給付は，子どものための現金給付及び子どものための教育・保育給付とする。③子どものための教育・保育給付は，施設型給付費，特例施設型給付費，地域型保育給付費及び特例地域型保育給付費の支給とする。④市町村は，支給認定に係る小学校就学前子ども（支給認定子ども）が，市町村長が施設型給付の支給に係る施設として確認した教育・保育施設（特定教育・保育施設）から当該確認に係る教育・保育を受けたときは，保護者に対し，施設型給付費を支給することとし，支給認定子どもが，市町村長が地域型保育給付費の支給に係る事業を行う者として確認した地域型保育事業者（特定地域型保育事業者）から当該確認に係る地域型保育を受けたときは，保護者に対し，地域型保育給付を支給する。⑤市町村は，児童福祉法24条1項の規定により保育所における保育を行うため，当分の間，支給認定子どもが特定教育・保育施設（私立の保育所に限る）から保育を受けた場合は，保育費用を当該保育所に委託費として支払うものとするとともに，保護者等から，家計に与える影響等を考慮して定める額を徴収することとする，などである。

　こうした制度設計は，保育施設経営にいかなる影響を及ぼすのであろうか。近年における幼児教育・保育制度改革の展開は，財政（源）的側面を中心として，保育施設経営，なかでも保育所経営のあり方を根本的に再編しようとするものであるといってよいが，上述の枠組みは，それをさらに加速度的に推し進めることが予想される。すなわち，支援法及び改正児童福祉法下の新制度は，認可制度を前提としながら，都道府県知事が認可した教育・保育施設や地域

型保育事業者を市町村長が確認することで，子どものための教育・保育給付の支給対象となる仕組みとなっており，市町村から，前者に属する認定こども園や幼稚園，保育所には共通の給付として一本化された施設型給付費（私立保育所には委託費）が，後者に属する小規模保育事業者や家庭的保育事業者，居宅訪問型保育事業者，事業所内保育事業者には地域型保育給付費が支払われることになる（法定代理受給）。また，特色ある取り組み（特別支援教育等）に対する奨励的な補助として私学助成が措置される，あるいは，施設型給付の対象として確認を受けない幼稚園の場合には私学助成（預かり保育補助を含む）や幼稚園就園奨励費補助が継続されることになっている。従前，財政的支援がなかった地方裁量型認定こども園（認可外保育施設）が施設型給付費の支給対象となり，小規模保育，居宅訪問型保育等の地域型保育事業にも一定の給付が見込まれるなど改善策と思える変更点も見られるものの，保育施設経営の質に大きな変容をもたらすものとなっている。

第2節　保育施設経営の現状と問題点

1　保育施設経営の現状

　新制度創設以降，保育施設には，子どもの保育・教育や子育て支援の質の向上に向けて，保育施設の機能及び職員の資質向上などが経営上の重要課題として提示されている。

　例えば，厚生労働省「保育指針解説」（2018年2月）は，「保育所に求められる機能や役割が多様化し，保育をめぐる課題も複雑化している。こうした中，保育所が組織として保育の質の向上に取り組むとともに，一人一人の職員が，主体的・協働的にその資質・専門性を向上させていくことが求められている」と述べ，施設長の役割及び研修の実施体制を中心に，保育所において体系的・組織的に職員の資質向上を図っていくための方向性や方法等を明示している。

そして，そのための方策として，具体的には，「各保育所では，保育において特に中核的な役割を担う保育士をはじめ，職員の研修機会の確保と充実を図ることが重要な課題となっている。一人一人の職員が，自らの職位や職務内容に応じて，組織の中でどのような役割や専門性が求められているかを理解し，必要な力を身に付けていくことができるよう，キャリアパスを明確にし，それを見据えた体系的な研修計画を作成することが必要である。また，職場内外の研修機会の確保に当たっては，施設長など管理的立場にある者による取組の下での組織的な対応が必要である」などと記している。

　また，文部科学省「教育要領解説」（2018 年 2 月）では，幼稚園運営の留意事項として，新たに，「園長の方針の下に，教職員が適切に役割を分担，連携しつつ，教育課程や指導の改善を図るとともに，学校評価については，カリキュラム・マネジメントと関連付けながら実施するよう留意すること」，「幼稚園間に加え，小学校等との間の連携や交流を図るとともに，障害のある幼児児童生徒との交流及び共同学習の機会を設け，協働して生活していく態度を育むよう努めること」を記している。そのうえで，「園長が広い視野と幼稚園教育に対する識見に基づいてリーダーシップを発揮し，一人一人の教師が生き生きと日々の教育活動に取り組めるような雰囲気をもった幼稚園づくりをすることが求められる」，園長は，「各幼稚園の教育課程に基づき，全教職員の協力体制の下，組織的かつ計画的に教育活動の質の向上を図るカリキュラム・マネジメントを実施することが求められる」などと示している。このように，保育施設経営において，子どもの保育・教育や子育て支援の実践・評価・改善の好循環を生み出すような組織体制及びそれを統括する施設長・園長のあり方が問われている。

　上述した状況を背景として，2017 年 4 月には，「職員の資質・能力の向上」をキーワードに，保育現場におけるリーダー等職員等

に対する研修内容や研修の実施方法について，「保育士等キャリア
アップ研修ガイドライン」が策定された。同ガイドラインは，「保
育士等キャリアアップ研修」における一定の水準を確保するために，
実施主体や研修内容，実施方法等について必要な事項を定めたもの
であるが，各保育所においては，これに基づく外部研修を活用して
いくことが期待されている。2017年度からは，支援法による特定
教育・保育等に要する費用の額の算定において，技能・経験を積ん
だ職員に対する処遇改善のための加算（処遇改善等加算Ⅱ）が創設
されており，当該加算の要件に研修の受講が促されている。

　こうした研修のあり方について，「多様な能力や専門性を評価し，
多層化していくことで，多様なキャリア形成ややりがい，職場復帰
に効果が期待」（内山2020，p.187）と期待する向きもあるが，
そこでは，モデルイメージとして，保育所に園長・主任保育士以下，
保育士とは別枠で，「副主任保育士」（ライン職），「専門リーダー」
（スタッフ職）及び「職務分野別リーダー」といった新たな職が設
けられている。「保育士の賃金に職務給を導入する」（杉山〈奥野〉
2020，p.46）ライン＆スタッフというこれまでにない職制階層が，
保育所経営をはじめ，保育実践・子育て支援の質や職場における人
間関係にいかなる影響を及ぼしていくか，今後の動きが注目される。

　それが，「保育の質の向上・確保」をスローガンに，園長を頂点
とするピラミッド型の園組織体制や上意下達式の指揮命令系統の確
立がめざされていくとしたら，本末転倒であるといわざるを得ない。

2　保育施設経営の問題点

　では，保育施設経営における問題点とは何か。保育施設の組織全
体としてみれば，以下の点を確認しておかねばならないであろう。

　第1点は，新制度にあっては，その基本理念として，保護者が
施設等を選択し契約する直接契約制を基本的な仕組みとしているこ

とから，自治体責任による入所・利用の仕組みをとってきた保育所制度に大きな変容をもたらす可能性があるということである。新システムから新制度への移行に際し，上記の反対運動の中で児童福祉法24条1項に市町村の保育実施責任に関する規定が復活した経緯があり，関連3法による改正児童福祉法では，「市町村は，この法律及び子ども・子育て支援法の定めるところにより，保護者の労働又は疾病その他の事由により，その監護すべき乳児，幼児その他の児童について保育を必要とする場合において，次項に定めるところによるほか，当該児童を保育所（…略…）において保育しなければならない」（24条1項）と定められている。このように，市町村の保育実施義務は残されたものの，同条中に保育の「利用」という文言が追記される（2項）ことにより，保育の実施に係る範囲・内容や公的責任性が変質，後退したものとなっている。それは，個々の保育所経営はもとより，地域における保育施設経営（地域保育経営）にとってもかつてないダメージを与えることになるといっても過言ではない。

　第2点は，新制度にあっては，子ども・子育て支援の実施主体は基礎自治体（市町村）とされ，市町村は，国・都道府県からの交付金・補助金と市町村財源（地方分）と合わせ，地域のニーズに基づいて計画（市町村子ども・子育て支援事業計画）を策定し給付・事業を実施していくことになるが，自治体の取り組み姿勢や財政力の違いなどにより，自治体間格差がさらに拡大していくことが危惧されるということである。それは，すでに認定こども園の設置・実施経緯等が例証しているところであるが，「地域主権改革一括法」（2011年4月〈第1次〉，同年8月〈第2次〉，2013年6月〈第3次〉。正式名称は，いずれも「地域の自主性及び自立性を高めるための改革の推進を図るための関係法律の整備に関する法律」）に基づく「児童福祉施設の設備及び運営に関する基準」（保育所関連

部分）の「地方条例化」とも絡んで，子ども・子育て支援における
ナショナル・ミニマム（全国共通基準）の引き下げ・解体につなが
り，地域によって，子どもと保護者の幸福（ウェルビーイング）の
実現に理不尽な格差が生じることが懸念される。

　第3点は，新制度にあっては，保育所（私立保育所を除く），幼
稚園，認定こども園は基本的に，特定教育・保育施設として支給さ
れる「施設型給付」と利用者（保護者）が認定された保育必要量
（時間）を超えて保育を利用した場合に支払う自己負担金（延長保
育，一時預かり等）並びに実費徴収，上乗せ徴収で経営していくこ
とになり，これまでより不安定化することが予想されるということ
である。特に保育所経営にあっては，その傾向が一層顕著となる。
すなわち，従前からの保育所運営費国庫負担制度に基づく保育所運
営費は廃止されたことで，保育所は施設型給付費（私立保育所は委
託費）を受領するというかたちとなっている。保育施設経営に係る
経費は公費で負担され，市町村・都道府県・国がそれぞれ負担を分
かち合っているため，これまでと大差がないようにも見受けられる。
しかし，実際には，「新制度とは，保育という現物サービスを提供
する『現物給付』の仕組みから，『現金給付』の仕組みへと，構造
的な転換を図る大改革であった」（逆井　2019，p.58）と評され
ているように，この給付の仕組みは従前のものとは大きく性格が異
なるものであるといわなければならない。付言すれば，給付費とは
施設そのものに対する公的な補助ではないため，「使途制限が大幅
に緩和され，公的規制が及びにくく」（村山　2019，p.39）なっ
ているのである。

第3節　保育ソーシャルワークとしての
　　　　保育施設経営改革

1　保育ソーシャルワークとしての保育施設経営

　近年，社会構造・地域コミュニティの変貌や個人のライフスタイルの多様化等子どもと子育て家庭を取り巻く環境の変化のなかで，子どもの育ちの変容や家庭の子育て力の低下など子ども・子育て問題の多様化・複雑化が指摘されている。また，それに伴い，保育施設の役割・機能が拡大してきている。すなわち，保育施設それぞれの特性を生かしながら，保護者に対する保育に関する指導や子育て等に対する相談・助言，情報提供，関係機関・関係者との連携・協働などにおけるソーシャルワーク機能を発揮することが求められている。こうした状況を背景として，保護者支援・子育て支援を保育施設及び保育者の新たな役割・機能や資質・能力と捉える「保育ソーシャルワーク」の理論と実践が展開されている。

　ここでいう保育ソーシャルワークとは，「保育とソーシャルワークの学際的・統合的な概念として位置づけられ，子どもと保護者の幸福のトータルな保障をめざし，その専門的知識と技術をもって，保育施設や地域社会における特別な配慮を必要とする子どもと保護者（障がいや発達上の課題，外国にルーツをもつ子どもや家族，育児不安，不適切な養育，虐待や生活上の課題）に対して行われる支援」（伊藤2018b，pp.8-9）であるが，「ウェルビーイング」をキーワードに，子どもの幸福と保護者の幸福のトータルな実現を重視するところにその特徴がある。

　では，保育ソーシャルワークとしての保育施設経営とはいかなるものであろうか。その端緒となったものは，2003年8月に公表された厚生労働省報告書「社会連帯による次世代育成支援に向けて」である。同報告書は，子育て支援の基本的な考え方の1つとして，

「専門性の確保」を掲げ，「保育所等が地域子育て支援センターとして，広く地域の子育て家庭の相談に応じるとともに，虐待などに至る前の予防対応を行うなど，一定のソーシャルワーク機能を発揮していくことが必要である。このため，一定の実務経験を積んだ保育士等をこうした役割を担うスタッフとして養成する等取組を進めていくことが必要である」と提案した。ここでは，児童虐待等の予防対応をメインに，地域における子育て拠点として，保育所・保育士を中心とする保育施設・保育者がソーシャルワーク支援を必要としている家庭の子育て支援に積極的に対応していくことの重要性が唱えられているが，これ以降，保育施設におけるソーシャルワーク機能の発揮や保育者のソーシャルワークに係る資質・能力の形成が課題として指摘されるようになった。

　こうした動きのなかで，2008年3月に改定された厚生労働省「保育指針」は，児童福祉法18条の4を踏まえ，保育所における保護者への支援について，独立した章（第6章「保護者に対する支援」）を設け，保育所に入所する子どもの保護者に対する支援及び地域における子育て支援について叙述した。また，幼稚園においても，教育基本法全部改正（2006年12月）を受けた2007年6月の学校教育法一部改正によって，幼児期の教育について，「保護者及び地域住民その他の関係者からの相談に応じ，必要な情報の提供及び助言を行うなど，家庭及び地域における幼児期の教育の支援に努める」（24条）ことが求められた。そして，文部科学省「教育要領」（2008年3月）において，幼稚園教諭等にあってもソーシャルワークの知識及び技術に精通することで，子どものより良い育ちを実現するような子育て支援が課題とされた。

　さらに，2012年6月に改正された「就学前の子どもに関する教育，保育等の総合的な提供の推進に関する法律」10条1項に基づいて策定された内閣府・文部科学省・厚生労働省「幼保連携型認定

こども園教育・保育要領」（2014年4月。以下，「教育・保育要領」という）においても，子育て支援の大切さが指摘された。また，2017年3月に改定（訂）された厚生労働省「保育指針」，文部科学省「教育要領」及び内閣府・文部科学省・厚生労働省「教育・保育要領」も基本的に，こうした流れを引き継ぐものとなっている。

　上記のように，保育施設における子育て支援との関わりにおいて，保育ソーシャルワークとしての保育施設経営が問われるに至っている（伊藤2018c）。

2　保育ソーシャルワークの視点からの保育施設経営改革

　では，保育ソーシャルワークの視点から見た保育施設経営の課題とはいかなるものであるか。以下では，3点，指摘しておきたい。

　第1点は，保育ソーシャルワークの視点から，保育者に求められる資質・能力のあり方についてさらに考究していく必要があるということである。すでに述べたように，現代の保育者には子どもの発達支援にプラスして，保護者支援・子育て支援に関する力量が求められている。しかしながら，現在，保育士・幼稚園教諭の養成にあっては，2年制での養成を前提としたカリキュラムであったり，社会福祉関係の科目がきわめて不十分であったりするなど，保育者の職域の広がりや深まりに十分に対応しきれていないことが問題点として挙げられる。子育てニーズの多様化・複雑化に伴い，保育士及び幼稚園教諭もしくは保育教諭の資質・専門性のさらなる向上をめざし，保育ソーシャルワークについての専門性を持つ高度な専門職，あるいは，子ども・保護者の育ちとライフコース全般を視野に入れ，子ども・家庭・地域をホリスティックに支援することをマネジメントする専門職という観点から，養成及び研修のカリキュラムを抜本的に見直していくことが望まれる。それは，当然のことながら，4年制保育士養成課程の創設や保育・幼児教育系大学院におけ

る養成・研究を展望するものであるが，子どもの保育・幼児教育に係る保育者としての資質・専門性をベースとしたうえで，保護者支援・子育て支援を中核的に担う人材となる「保育ソーシャルワーカー」養成を推進していくことが不可欠である。

　第2点は，第1点と深く関わるが，保育ソーシャルワークの視点から，これまで2年制の課程を前提としてきた保育士資格のあり方を抜本的に見直していく必要があるということである。近年，幼稚園と保育所の一体化・一元化や認定こども園の拡充が進展しているなかにあって，幼稚園教諭免許状と保育士資格の併有促進が進められ，両免許・資格の一本化も検討課題として浮上している。こうした状況にあって，保育士としての高度な専門性を確立し，これに対する社会的な信頼と認識を高めるためにも，4年制保育士資格の創設が喫緊の課題となっているといえるであろう。すでに幼稚園教諭にあっては，「大学における教員養成」という原則のもと，普通免許状の種別化（専修，1種，2種）や1種免許状を標準とする上級免許状への上伸の努力義務化，教職大学院における高度な人材養成などが制度として定着している。こうした近接する幼稚園教諭免許状，さらには，社会福祉士資格を視野に入れながら，法制度的整備を含め，子どもの保育及び保護者支援・子育て支援に精通した4年制保育士資格のあり方について制度設計していくことが望まれる。

　第3点は，保育者が保育ソーシャルワークについての学びをはじめ，保育者が目標を持って学習することができ，その成果を生かすことのできる研修体制を保育施設の内外において整備確立していくことが必要であるということである。厚生労働省「保育指針」は，保育士等職員に対して，「子どもの保育及び保護者に対する保育に関する指導が適切に行われるように，自己評価に基づく課題等を踏まえ，保育所内外の研修等を通して，必要な知識及び技術の修得，

維持及び向上に努めなければならない」と述べているが，こうした指摘に待つまでもなく，保育者は，自己の使命を深く自覚し，絶えず研究と修養に励み，その職責の遂行に努めなければならないといえよう。そのためにも，自己研鑽をはじめ，職場内研修及び職場外研修などについての施設内外における真摯な取り組みが欠かせない。特に園長・主任クラスの経営トップ層は，保育者の自己啓発の動機づけや指導・助言・支援につながる保育スーパービジョンに努めていくことが求められる。「学び合いの環境づくりと保育現場の活性化」をキーワードに，保育施設における経営体制の整備確立を図っていくことが大切である（伊藤（良／美）2018）。

おわりに―幼児教育・保育制度と 保育施設経営の課題と展望

　幼児教育・保育制度と保育施設経営の課題と展望とは何か。いま，それを一言でいえば，保育ソーシャルワークの視点からの保育施設経営におけるネットワークの構築ということになるであろう。保育施設本来の専門性や固有性を発揮するためには，家庭・地域社会との連携・協働や保護者支援・子育て支援に関わる専門機関，関係機関・関係者との連携・協働が不可欠である。

　これらの関係性の構築においては，子ども・保護者・保育者ら保育・幼児教育当事者が中心となって自治的に進めていくことが望ましい。また，そのバックボーンとして，国・地方自治体の果たすべき役割・責務のあり方も問われなければならないといえよう。

【註】
1　保育士の待遇適正は，その使命と職責の重要性にかんがみ，それ自体として単独に取り組むべきことがらである。また，保育士の研修の機会確保についても同様である。しかしながら，同施策にあっては，原則として，保育士

等キャリアアップの仕組みと処遇改善とが結び付けられ,「抱き合わせ商法」とも呼ぶべきものとなっている（2022 年度を目途に, 研修受講の必須化が志向）。処遇改善のためにやむなく研修に出向く（出向かせる), 研修に出向かないと処遇改善にならないといった方式はすぐさま廃止すべきであろう。さらなる「質の向上」の一環としてではなく, 専門職としての保育士像の確立に向けた環境整備が求められる。

2　保育士の社会的地位の向上は, 待遇の適正化だけでは決して実現されない。専門職としてふさわしい資格体系の構築（例えば, 幼稚園教諭免許状と同様の学歴に応じた保育士資格の種別化）やその種別化に応じた給与体系の整備などが不可欠である。保育士のキャリアアップとは, こうした資格のステップアップを図ることこそを意味すべきである。保育界において, 園長になるなら保育・幼児教育系大学院修士課程修了, 主任になるなら保育・幼児教育系 4 年制大学卒業を最低条件とするといった意識が共有されていくことが大切である。

【文献一覧】

伊藤良高（2004）『幼児教育の明日を拓く幼稚園経営―視点と課題―』北樹出版

伊藤良高（2009）『新時代の幼児教育と幼稚園―理念・戦略・実践―』晃洋書房

伊藤良高（2011）『保育制度改革と保育施設経営―保育所経営の理論と実践に関する研究―』風間書房

伊藤良高（2018a）『増補版　幼児教育行政学』晃洋書房

伊藤良高（2018b）「保育ソーシャルワークとは何か」日本保育ソーシャルワーク学会監修, 鶴宏史／三好明夫／山本佳代子／柴田賢一責任編集『保育ソーシャルワーク学研究叢書第 1 巻　保育ソーシャルワークの思想と理論』晃洋書房

伊藤良高（2018c）「保育制度・経営論としての保育ソーシャルワーク」日本保育ソーシャルワーク学会監修, 伊藤良高／櫻井慶一／立花直樹／橋本一雄責任編集『保育ソーシャルワーク学研究叢書第 3 巻　保育ソーシャルワークの制度と政策』晃洋書房

伊藤良高（2019）「現代幼稚園制度改革の動向と課題」日本保育ソーシャル
　　ワーク学会『保育ソーシャルワーク学研究』第5号

伊藤良高（編著）（2018）『教育と福祉の基本問題―人間と社会の明日を展望
　　する―』晃洋書房

伊藤良高／伊藤美佳子（2018）「保護者に対する保育に関する指導」日本保
　　育ソーシャルワーク学会監修，永野典詞／伊藤美佳子／北野幸子／小口将典
　　責任編集『保育ソーシャルワーク学研究叢書第2巻　保育ソーシャルワー
　　クの内容と方法』晃洋書房

内山絵美子（2020）「保育者の専門性の向上とキャリア形成の意義」野津直
　　樹／宮川萬寿美編著『保育者論―主体性のある保育者を目指して―』萌文書
　　林

逆井直紀（2019）「新制度の概要―給付と事業，その財源」『保育白書』ひと
　　なる書房

杉山〈奥野〉隆一（2019）「幼稚園教諭，保育士，『保育教諭』とキャリアパ
　　ス―保育者の資格と養成（1）」『保育白書』ひとなる書房

村山祐一（2019）「保育を支える財政」『保育白書』ひとなる書房

第8章

幼児教育・保育制度改革と幼児教育・保育の「質向上」の課題

秋川 陽一 （関西福祉大学）

はじめに

　近年，公的な幼児教育・保育（以下，幼・保と略）の世界では，その「質向上」が叫ばれ，それを目指した実践（経営も含む）や研究，制度改革が急速に進められてきており，「質向上」を標榜する実践報告や研究成果も次々と発表されている。改めて考えてみるまでもなく，それらの実践，研究，制度改革は，本来，子どもたちのウェルビーイングの状況をより善くしたいという思いが必ず込められているはずであり，その意味で，それらすべては，幼・保の「質向上」を目指しているはずである。にもかかわらず，今，なぜ「質向上」が一種のブームのごとく取り沙汰されるのか。本章では，まず，この素朴な疑問について検討したい。次に，その「質向上」が叫ばれる中で，幼・保の「質」はどのように捉えられてきたのかについて整理したい。その作業を通して，「質向上」が単なるお題目なのか，明確な目指すべき方向性をもつものなのかを検討したい。さらに，わが国の近年の幼・保の「質向上」施策の動向を概観した上で，最後に，現在の幼・保の「質向上」制度改革をめぐる筆者の素朴な危惧を開陳し，それを踏まえて今後の幼・保制度改革研究の方向性について示唆したい。

第1節　今，なぜ，幼・保の「質向上」が叫ばれるのか？

1　幼・保の「質向上」が求められる契機

　日本教育制度学会の課題別セッションで，幼・保の「質向上」を最初に取り上げたのは，2009年である（秋川・藤井・矢藤・伊藤2010）。このセッションを企画した背景として，2008年3月，現行（2018年告示）の一つ前の「保育所保育指針」が告示されると同時に，厚生労働省から「保育所における質の向上のためのアクションプログラム」（実施期間は，2008年度から2012年度までの5年間）が通知され，各自治体に対してもこれを踏まえた「地方公共団体版アクションプログラム」の策定を求めたからである。今，なぜ，国（厚生労働省）は「質向上」を追求しようとするのかという素朴な疑問から，このセッションを企画したのである。

　この疑問に対して，筆者は，それ以前の保育所保育指針は法的拘束力をもたない通知であったが，今般，初めて告示され，全ての保育所が遵守すべき法規と位置づけられたため，国としてその徹底を図り，保育の「質向上」を目指すのだという「政策的意図」があるのではないかと指摘した。それは，アクションプログラムの「1．趣旨」に「このたび，保育所保育指針が告示として公布され，保育の内容の質を高める観点から，保育所における取組の充実・強化がより一層求められている」とし，そのために「国として保育の質の向上に資する保育所における各種の取組を支援する観点から国が取り組む施策…に関する総合的なアクションプログラムを策定することにした」と述べられていたことからも理解できよう。つまり，保育所保育指針の告示化の一つの理由づけとして保育の「質向上」が掲げられ，それを国レベルで責任をもって主導する意図が表明されていると捉えたのである。

　しかし，保育所保育指針の告示化の理由づけのためだけに国が

「質向上」を強調したと見るのは，視野が狭すぎるように思われた。この課題別セッション開催時には，幼・保の「質向上」を標榜する文献はそれほど多くはなかったが，筆者は，浅井や大宮の著書（浅井2003，大宮2006）などを参考に，「質向上」が主張される理由として，以下の3点を指摘した。

　第1に，子どもの育ちをめぐる環境が大きく変化し，少子化も止まらないという社会的背景が「質向上」の要因だということである。2008年の保育所保育指針改定当時，社会保障審議会少子化対策特別部会で「保育サービスの質」が盛んに議論されていたが，その議論の前提として，以下の5つの事項が指摘されている。①家族環境の変化（とくに核家族世帯の増加），家庭の教育力低下，②地域の教育力低下，子育ての孤立化，③保育所における発達障害児など障害児保育の対象となる子どもの増加，④ひとり親家庭の増加と保育所への期待の高まり，⑤保育所の地域子育て支援への期待と保育士の専門性の向上，である（第13回社会保障審議会少子化対策特別部会2008）。これらの社会的課題に対応し，少子化対策の重要な手立てである保育をより質の高いものに変えていくことが目指されていたということである。

　第2に，当時，新自由主義に基づく「福祉・保育構造改革」が続いていたが，その結果として日本の保育現場が疲弊してしまった現状の分析と批判から，新たな「保育の質」を創造しようとする試み（研究や実践）が起こってきていたということである（保育行財政研究会編2002，二宮2003，女性労働問題研究会編2003）。

　第3に，2001年発刊のOECDの政策文書 "Starting Strong: Early Childhood Education and Care" が一つの契機になったと思われるが，欧米やOECDの幼・保の質をめぐる研究，改革動向が日本に紹介されるようになってきており（金田・諏訪・土方2000，pp.14-19，大宮2006，泉・一見・汐見2008），それが

「質向上」論議を巻き起こす契機となってきていたことである。

2　幼・保の質と「社会的コスト」論議

　上述した幼・保の「質向上」が強調されるようになった3つの契機には，幼・保の有する社会的・経済的な価値や子どもや保護者の育ち・生活にとっての幼・保の意義の考え方に差異があり，その差異は，幼・保にかかる「社会的コスト」に対する考え方に鮮明に反映されていたように思われる。すなわち，一方で，政府が進める新自由主義経済のもと，「幼・保の市場化」をいっそう推進して，保育コストの削減を目指すという「市場化推進」の考え方があり，それに対し，「保育の公共性」を強調し，保育に十分な「公的コスト」をかけるべきだとする考え方の対立があった。先に，保育の「質向上」が主張される契機の第1に挙げた，社会保障審議会少子化対策特別部会の「保育サービスの質」向上論議のベースには，主に前者の保育のコスト削減の意図があり，第2に挙げた「福祉・保育構造改革」に対する批判は，後者の「公的負担論」がベースにあったと言えよう。

　また，第3に挙げた欧米やOECDの幼・保の質研究には，とくにアメリカで1990年代以降，長年にわたり継続的に行われてきた，幼・保への先行投資がもたらす社会的効果に関する数多くの実証的研究が踏まえられている（エドワード・ジグラー他編2013，pp.43 - 78）。それは幼・保の費用便益分析を中心とする研究であるが，その結論を簡潔にまとめると次のように言えよう。

　すなわち，様々な社会的リスク（例えば，非行・犯罪率，高校の中退率等）に対して，それらが生じた後の矯正治療的方策にかかる費用よりも，幼・保に先行投資した方がより少ない費用で効果が上がる（予防効果がある）。また，大学入学率，就職率，所得の向上等の社会的効果についても大きな成果をもたらす（収益が上がる），

と結論するのである。つまり，この「未来への先行投資論」は，幼・保への先行投資が，将来，低コストで大きな社会的・経済的成果（収益）を挙げるというものであり，長期にわたる経年的実証研究を踏まえたものであったため高い信頼性を得たのである。とりわけ，アメリカのノーベル経済学者ヘックマン（James・J・Heckman）が，主に，1960年代のアメリカ・ミシガン州イプシランティ私学校区のペリー小学校付属幼稚園において実施された「ペリー就学前プロジェクト」と1970年代にアメリカ・ノースカロライナ州で行われた「アベセダリアンプロジェクト」の2つの社会実験の結果と近年の脳科学の成果を使い，経済学の立場から幼・保への投資が未来の子どもにとっても社会にとっても，その成功・発展に有効であると論じたことで（ジェームズ・J・ヘックマン2015），「未来への先行投資論」は，わが国の保育の「質向上」施策を進める上での強力な論拠とされてきたのである。先述した第1の新自由主義的なコスト削減論と，それを批判する幼・保の公共性論による「公的負担論」が，「今」をめぐるコスト負担論の対立だとすれば，第3の「未来への先行投資論」は，「未来」を見据えた新たなコスト論として，対立する両者を止揚するものになり，多くの者が合意する考え方になってきていると言えよう。

第2節　幼・保の「質」はどう捉えられてきたか？

1　幼・保の「質」の本質論

　幼・保の「質向上」が叫ばれるようになれば，当然，その前提として，幼・保の「質」とは何か，「質」が向上するとはどういうことかが問われるはずである。しかしながら，わが国では，そのような幼・保の「質」の本質論的な考察・議論は不活発であったと言わざるを得ない。

　幼・保の「質向上」とは何かを考える場合，少なくとも，①誰に

とって，②どのような利益あるいは効果をもたらすために，③何が
どのように変わることかを検討する必要があるだろう。この①誰に
とってという点では，幼・保の第一義的な受益者である子どもにと
ってということが合意されるだろうが，②のどのような利益あるい
は効果となると，子どものウェルビーイングのためという大枠では
一致できたとしても，その子どものウェルビーイングを何に重点を
おいて捉えるかについては，様々な意見があろう。さらに，③の
「何がどう変わることか」という点は，②のウェルビーイングの捉
え方の差異によって異なるだろう。結局，「質向上」を問うことは，
「善い幼・保とは何か？」についての価値判断に関わる問題であっ
て，それを論ずる者の立場や幼・保観が異なれば，「質」の見方も
異なり，多くの者が納得できる共通認識を得ることはかなり困難だ
といわざるを得ない。

　そこで，次の２で述べるように，幼・保の「質」を規定すると考
えられる諸要因を抽出し，その向上的変化を捉えることで「質の向
上」があったと評価する（見做す）研究が数多く行われることにな
るのである。いわば，操作主義的に「質」を規定する捉え方である。

2　幼・保の「質」を規定する要因分析論

　「質」を規定する要因を分析する研究では，その要因について
様々な考えが提示されてきた。例えば，金田らの共同研究グループ
は，長年，「保育実践を見直す」研究を行ってきたが，当初，それ
を「保育の質」という言葉で捉えてはこなかった。それを「保育の
質の研究」という言葉を当てはめることによって，自分たちが共同
して何を追究したかったかについての共通理解ができたと述べ（金
田・諏訪・土方 2000，はしがき p.i），これまでの共同研究の成果
を，「保育の質」をキーワードに，園運営，保育者養成，園と親の
関係，保育者－子ども関係等々，多岐にわたるテーマについて実証

的分析を踏まえた検討を行っている。そして，とくに，「保育者－子ども関係」の研究を踏まえ，保育の質に関わると判断される要素を36抽出し，それらを「保育者の意識」を主軸とし，「社会・文化システム」「保育の外部システム」「保育体制」「保育方法・形態」「保育目標・内容」「保育者のあり方」の6層に分類した，「3歳未満児保育における『保育の質』を捉える指標・概念図」という立体概念図を提示している（金田・諏訪・土方2000, pp.20-23）。いかに「質」を規定する要素（要因）が広範多岐にわたるかがよくわかる。

　その他，幼・保の「質」規定要因に関する見解をまとめておくと，例えば，浅井は，「保育の質」を構成する要因として，①保育の目的論，②法・制度論，③運営論，④保育実践論，⑤保育運動論をあげている（浅井2003, pp.19-20）。しかし，この①～⑤は，保育の「質」の規定要因というよりも，保育の「質」を考える領域あるいは立論の視座とでも呼ぶべきものであるように思われる。また，同書の別の箇所では，保育の「質」を決める枠組みとして，①目的論，②保育内容・方法論，③組織・運営論，④保護者との関係，⑤地域との関係などによって成立するとし，「これらの諸課題に対応できる能力が保育者には問われ…保育者養成の課題としても位置づけられる必要がある」としている（浅井2003, pp.73-76）。

　また，大宮は，コロラド大学のハウズとヘルバーンの研究を紹介し，欧米ではすでに，子どもの発達へのプラスの影響に直接関連している要因について共通認識があり，「保育の質」は，主として「プロセスの質（Process Quality）」と「条件の質（Structural Quality）」の2つの相互に深く関連した要因からなっているとしている。このうち，「プロセスの質」は子どもたちが保育施設で受ける経験を把握しようとするもの，「条件の質」は，子どもを取り巻く環境的側面を把握しようとするもので，政府によって規制され

ることが多い，という。さらに，「大人の労働環境（Adult Work
Environmental Quality）」は，保育者の行動や経験の積み上げに
結びついているために，保育施設での子どもの行動に間接的に影響
を与えているという（大宮 2006, pp.67-68）。

　もう一つ，先に触れた 2008 年の「保育所における質の向上の
ためのアクションプログラム」にも触れておくと，保育の「質」を
向上させるための施策領域として，①保育実践の改善・向上，②子
どもの健康及び安全の確保，③保育士等の資質・専門性の向上，④
保育を支える基盤の強化の 4 つ項目が示され，それぞれのねらい
と具体的な施策が述べられているが，なぜ，この 4 つの項目が「質
向上」にとって重要なのかは全く説明されていない。

　以上のような，幼・保の「質」を規定すると考えられる多様な諸
要因を抽出し，その相互の関連によって「質」が決まると捉え，そ
れらの要因のうちいくつかの向上的変化をみることで「質向上」を
評価しようとする研究が進められてきた。とりわけ，OECD が
"Starting Strong Ⅱ"（OECD 編著 2006）を報告して以降，「未
来への先行投資論」をベースとした，幼・保の「質」の規定要因分
析の手法や研究報告書の類の翻訳・紹介が多数行われ，それらを踏
まえた実証的研究も進められてきていると言える。その意味で，
幼・保の「質向上」は単なる目指すべきお題目ではなく，研究成果
を踏まえた幼・保の制度改革の方向性をもつものであると言える。

　しかしながら，先述した金田らが示した「3 歳未満児保育におけ
る『保育の質』を捉える指標・概念図」に見られるような，多岐に
わたる諸要因間の複雑な関連構造をより深く追究する研究は深まっ
てはいないように思われる。このような研究が深化しないと，「質」
を決定する各要因の影響力の強弱，あるいは要因間の複合の影響力
などが明らかにならないのではないかと思われる。

第3節　わが国の幼・保の「質向上」施策

　わが国だけではないが，とくにOECD諸国では，幼・保の「質向上」は，その研究と実践現場で取り組まれるだけではなく，一つの国策として進められてきている点に注目しなければならない。わが国のその具体例として，まず指摘しておかなければならないのは，安倍首相の私的諮問機関「教育再生実行会議」（2013年1月15日閣議決定により設置）の第5次提言「今後の学制等の在り方について」（2014年7月）である。

　この提言の中で，「幼・保の質の向上」と「幼・保の機会均等と無償化」，その帰結としての将来的な「5歳児義務教育化」が提示された。これを受けて，2018年6月の「経済財政運営と改革の基本方針2018～少子高齢化の克服による持続的な成長経路の実現～」（いわゆる『骨太2018』）では，「第2章　力強い経済成長の実現に向けた重点的な取組」として「人づくり革命の実現と拡大」が打ち出された。その具体的方策として8つ掲げられているが，幼・保については，「無償化を一気に加速する」ことと，「待機児童問題の解消」の2点が挙げられた。この政策的意図を読み取れば，わが国の「経済発展施策」の一つとして「人づくり革命」を進め，その一環として幼・保の「無償化」「質の向上」「機会の均等」を3点セットで進め，将来的には幼・保を「義務化」するということである。ここで注視すべき点は，今後の幼・保の「質向上」を含めた様々な施策（制度改革）を「経済発展施策」として明確に位置づけていることである。

　以上述べたような国の施策動向の中で，2018年5月に厚生労働省内に「保育所等における保育の質の確保・向上に関する検討会」が，2018年6月に文部科学省内に「幼児教育の実践の質向上に関する検討会」がそれぞれ設置され，検討が重ねられてきている。

両検討会の検討内容は詳論できないが，その概要のみ述べておく
と，前者の保育所の検討会は，設置後月１～２回のペースで開かれ，
2018年９月に「中間的な論点の整理」を発表した後にしばらく中
断し，2019年５月に第７回を再開，同年６月には「子どもを中
心に保育の実践を考える～保育所保育指針に基づく保育の質向上に
向けた実践事例集～」を作成し配布しているが，報告書などは未提
出である。他方，後者の幼稚園の検討会は，2018年８月第５回ま
で開催後しばらく中断し，その後，2019年10月に第６回が再開
されたが，その休止期間の2019年４月，中央教育審議会に「新
しい時代の初等中等教育の在り方について」が諮問され，その諮問
事項の一つとして「幼児教育の無償化を踏まえた幼児教育の質の向
上」が挙げられた。これを受けて，同年６月「新しい時代の初等
中等教育の在り方特別部会」が設置され，審議が継続している。

　なお，再開後の同検討会では，2020年５月に「幼児教育の質の
向上について（中間報告）」を公表している。その中では，当初か
ら「質向上」検討の論点としていた，①幼児教育の内容・方法の改
善・充実，②幼児教育を担う人材の確保・資質及び専門性の向上，
③幼児教育の質の評価の促進，④家庭・地域における幼児教育の支
援，⑤幼児教育を推進するための体制の構築の５項目について，
それぞれ「質の向上のための具体的方策」を掲げている。「諸外国
においても，質の高い幼児教育を提供することで，忍耐力や自己制
御，自尊心といった社会情動的スキルやいわゆる非認知的能力を育
み，将来の生活に大きな差を生じさせる効果があるとの研究成果を
はじめ，幼児教育への重要性についての認識が高まっている」（幼
児教育の実践の質向上に関する検討会2020，p.3）と述べられて
おり，OECDの「未来への先行投資論」に基づき，幼・保の「質
向上」施策に対して，国が積極的に公的資金を支出しようとする意
図が読み取れる。なお，2020年４月，新型コロナウイルス感染症

の緊急事態宣言の対象地域が全国に拡大されたことを受けて，「⑥新型コロナウイルス感染症拡大の状況における幼稚園等の具体的な取組」も追加されている。また，この中間報告では，幼稚園，保育所，認定こども園といった幼児に対する教育機能を担う施設を「幼児教育施設」と総称し，「幼児教育施設への適切な指導監督等の実施」「幼児教育施設における評価等を通じた運営改善」「幼児教育の質の評価に関する手法開発・成果の普及」という，経営管理に関わる事項については，幼稚園だけでなく，保育所や認定こども園も含めて，その「質の向上」を図ることが掲げられている。

第4節　幼・保の「質向上」をめぐる制度改革への提言

　ここ10年ほどの間に，わが国の幼・保の世界は，「質向上」がキーワードとなり，その推進が大きな動向になってきている。その基底には，「未来への先行投資論」があり，様々な保育の「質」の規定要因を抽出し，その向上的変化を「質向上」と捉える見方がある。その評価を実証的に行うための評価の方法やスケール（尺度）も開発され，わが国への導入も進んできている（イラム・シラージ他2016，テルマ・ハームス／リチャード・M・クリフォード他2016，テルマ・ハームス／デビィ・クレア他2018，キャシー・シルバー／デビィ・クレア他2018）。これらの研究には，「目に見えるエビデンス（証拠）をもって，幼・保の質，効果を語らねばならない」という共通する科学的態度・信念が見て取れる。

　わが国の国家予算に占める，教育・保育予算が先進諸国の中でも最低位に位置づくことはしばしば指摘されてきたが，「未来への先行投資論」によって，より多額の公費が投入されるようになることは，幼・保制度の条件整備が進むことであり，喜ばしいことだと言えよう。しかしながら，幼・保制度を研究する筆者には，危惧する点もいくつかある。以下，その危惧について述べ，今後の幼・保の

制度改革の方向性について問題提起をしておきたい。

　第1の危惧は，現在の幼・保の「質向上」施策の基底にある「未来への先行投資論」に対するものである。一般的に幼・保の経験が子どもの発達にとって重要であることは認めるとしても，その「質」の高さだけが子どものより善い発達を促すわけではないように思われるし，ましてや社会的リスクを必ず軽減させるわけでもないのではないか，そんな素朴な疑問を感じる。

　そもそもヘックマンが引用する「ペリー就学前プロジェクト」も「アベセダリアンプロジェクト」も，わが国とは文化的・社会的環境の異なる，しかもアメリカの限られた地域での社会実験による成果である。また，「ペリー就学前プロジェクトの成果は比較的小さい」（ニール・マクラスキー，ジェームズ・J・ヘックマン 2015, pp.73-78）という指摘もあり，この論拠の信頼性は必ずしも高いとは言えないように思われる。これを論拠として未来への先行投資を行い，幼・保の「質向上」施策を展開した末に，仮に社会的リスクの軽減効果が明確に見られなければ，その責任は誰がどう負うのか。「先行投資」は，完全には予測しきれない「未来の便益」に期待を込めて行う「賭け」であることは言うまでもない。この点のリスクも視野に入れ，幼・保施策（制度改革）の効果を検証するシステムを策定しておく必要があろう。それは，幼・保制度研究を行う我々研究者の課題である。

　第2の危惧は，幼・保の「質向上」のための制度改革の手法あるいは進め方に関する危惧である。幼・保の実践現場が主体的に「質向上」を目指した取り組みを活発に展開し，草の根的な「質向上」運動が巻き起こるならば，それは歓迎すべきであろう。さらにその運動の中から，新たな幼・保の「質向上」制度（社会的に公認されたしくみ）が生み出されれば，実践からの制度改革として高く評価されよう。

　しかしながら，ここ10年来，国が進めてきている幼・保の制度改革は，「政治主導」で行われてきたと言ってよい。この「政治主導」とは，本来，「（官僚ではなく）国民の信を得た政治家が政策決定を行うこと」を意味するが，今や，民主主義的な政治手続きである「議論を尽くすこと」や「国民に正しい情報を提供し，説明すること」などを忘れ，議員の「数の論理」だけで意思決定を行う政治手法を指すようになっている。とくに2012年以降の長期政権となっている安倍内閣以降，「政治主導」から「官邸主導」（あるいは「首相主導」）へシフトしてきていると言われる。つまり，政権与党による「政治主導」から，その与党のトップ政治家である首相に権力が集中し，その意思で政策決定がなされるだけでなく，行政のトップでもある首相の権限で関係省庁を動かし実施に移す，実にスピーディに政策の実現が図れる手法がとられるようになってきている（秋川2019）。【追記：2020年9月，菅内閣が誕生したが，「安倍内閣を継承する」と表明しており，この「官邸主導」の手法は踏襲されるのではないかと思われる。】首相の私的諮問機関・教育再生実行会議の例に見られるように，「官邸主導」の手法は幼・保の制度改革にも用いられ，上からの急激な改革として進められる。しかも，その制度改革を推進する国がコストを負担するのであるから，国の政策意図に即した「質向上」の取り組み（実践・研究・制度等）に重点的にコストが配分されるのは必然であろう。

　この問題に対しては，幼・保の「質向上」制度改革の政策的意図を批判的に吟味することと，自由で主体的な「質向上」の実践・研究などの取り組みを支援・推奨するするシステムを構築することが，幼・保制度，政策研究者の大きな課題であろう。

　この課題について付言すると，わが国の幼・保制度改革が，「人づくり革命」という経済発展を目指す人材育成政策の一環である点を踏まえる必要がある。もちろん，教育・保育が未来の経済社会を

担う人材を育成する機能を有することは否定できないが，本来，教育・保育は，一人ひとりの子どもの主体的な人間としての育ち，学び，生活を支援することを目的としている。この「教育・保育の原則」を踏まえると，教育制度研究に限定される課題ではないが，戸田も述べているように（戸田2018），高く評価されてきた日本の保育思想，幼・保の実践例や施策を再検討し，幼・保にとって何が重要な価値なのかを問い続けること，そして，その幼・保の重要な価値についての，幼・保の関係者（実践者・研究者・行政担当者等）の共通理解を深化させていくことが，今後の幼・保の「質」の研究の重要な課題であろう。

【参考文献】
秋川陽一・藤井穂高・矢藤誠慈郎・伊藤良高（2010）「課題別セッションⅤ 初期教育制度 幼児期の教育の「質向上」問題～その教育制度論的課題の探求」日本教育制度学会編『教育制度学研究』第17号，pp.120-137

秋川陽一（2019）「『幼児期教育』制度改革の特徴と政治主導の課題」日本教育制度学会編『教育制度学研究』第26号，pp.36-52

浅井春夫（2003）『子どもの権利と「保育の質」』かもがわ出版

泉千勢・一見真理子・汐見稔幸編著（2008）『世界の幼児教育・保育改革と学力』明石書店

イラム・シラージ/デニス・キングストン/エドワード・メルウィッシュ/秋田喜代美・淀川裕美（訳）（2016）『「保育プロセスの質」評価スケール』明石書店

エドワード・ジグラー/ウォルター・S・ギリアム/ステファニー・M・ジョーンズ編/田中道治編訳（2013）『みんなの幼児教育の未来予想図』ナカニシヤ出版

OECD編著（2006）「Starting Strong Ⅱ：Early Childhood Education and Care」【（日本語訳：星・首藤・大和・一見（2011）『OECD保育白書 人生の始まりこそ力強く：乳幼児期の教育とケア（ECEC）の国際比較』明石書店

大宮勇雄（2006）『保育の質を高める』ひとなる書房

金田利子・諏訪きぬ・土方弘子編著（2000）『「保育の質」の探究―「保育者
　―子ども関係」を基軸として』ミネルヴァ書房

キャシー・シルバー / イラム・シラージ / ブレンダ・タガート / 平林祥・埋橋
　玲子（訳）（2018）『新・保育環境評価スケール③考える力』法律文化社

社会保障審議会少子化対策特別部会（2008）「第 13 回社会保障審議会少子化
　対策特別部会資料」

ジェームズ・J・ヘックマン / 古草秀子（訳）（2015）『幼児教育の経済学』
　東洋経済新報社

女性労働問題研究会編（2003）「特集 I 『構造改革』と家族，子育て，保育
　支援策の課題」『女性労働研究』No.44，青木書店，pp.19-68

テルマ・ハームス / リチャード・M・クリフォード / デビィ・クレア / 埋橋玲
　子（訳）（2016）『新・保育環境評価スケール① 3 歳以上』法律文化社

テルマ・ハームス / デビィ・クレア / リチャード・M・クリフォード / ノリー
　ン・イェゼジアン / 埋橋玲子（訳）（2018）『新・保育環境評価スケール②
　0・1・2 歳』法律文化社

戸田雅美（2018）「保育の質を問う（総説）」日本保育学会編『保育学研究』
　第 56 巻第 3 号，pp.4-8

ニール・マクラスキー（2015）「ペリー就学前プロジェクトの成果は比較的
　小さい」（ジェームズ・J・ヘックマン（2015）『幼児教育の経済学』東洋
　経済新報社所収）

二宮厚美（2003）『構造改革と保育のゆくえ　民営化・営利化・市場化に抗
　して』青木書店

保育行財政研究会編（2002）『市場化と保育所の未来―保育制度改革どこが
　問題か―』自治体研究社

幼児教育の実践の質向上に関する検討会（2020）「幼児教育の質の向上につ
　いて（中間報告）」

第9章

幼児教育・保育制度改革と
新要領・指針の課題

木戸 啓子（倉敷市立短期大学）

はじめに

　2015年4月から子ども・子育て支援新制度が施行されたり，1・2歳児を中心に保育所利用児童数が大幅に増加したりするなど，保育をめぐる状況が大きく変わっている。2017年3月には保育所保育指針（以下，指針）や幼稚園教育要領（以下，要領），幼保連携型認定こども園教育・保育要領（以下，教育・保育要領）が告示された。これらを踏まえ，指針や要領，教育・保育要領（以下，指針等）を取り上げ，改定（訂）作業から見えた課題を考える。

　2015年12月4日，指針の改定に関わる社会保障審議会児童部会保育専門委員会（以下，保育専門委員会）が設置された。ここでの検討内容から，次回の改定に向け特に重要と思われる課題や現場での理解を進める。

第1節　指針，要領，教育・保育要領の改定（訂）

1　0・1・2歳児保育の捉え方

　指針等は，ほぼ10年おきに改定（訂）される。そのたび，保育現場では，改定（訂）内容を理解するための研修会が開かれる。研修会での学びは，現場の保育者にとって，これからの保育が目指す内容を理解するものであるが，改定（訂）内容を，保育現場での直接的な子どもとの関わりや保育実践にどう生かすかという点では，

明確に理解しないまま保育が進んでいるという現状もある。実際，指針等の内容が変わることで，目の前の子どもの発達過程や遊びの内容といった保育活動が大きく変化することはないと思っている保育者も存在するのではないだろうか。ある面では，社会がどのように変化しようと，子どもが育つ過程自体は変化することはなく，遊びの内容自体は，世代を超えて引き継がれていくものも多くある。

　それでは，改定（訂）によって変わるものは何かと考えると，それは保育者による子どもや保護者への向き合い方や保育実践に対する省察が考えられる。保育専門委員会の第1回目で，平成20年改定からの変化として，1・2歳児の保育利用児の増加や児童虐待，子ども・子育て支援新制度の施行に伴い認可保育所以外のさまざまな地域型保育事業や幼保連携型認定こども園の創設等，子どもを取り巻く社会情勢の変化が取り上げられた。この変化を保育者としてどう理解するかという点でみると，まず子どもを保育している場が多岐にわたり，様々な場から子どもたちは小学校へ就学するということである。以前から，就学前の取組みとして近隣の保育所や幼稚園（以下，保育所等）との連携はあったが，保育所等に入園する以前の場である地域型保育事業や子育て支援センター等との連携も地域の子育て支援機能として意識する必要が生まれている。実際，それまでに利用していた子育て支援センターが，保育所等への入園後も保護者の不安を支えているということもある。子どもの育ちを地域の子育てに関わるあらゆる機能が一体となって支えていく姿勢は，これまで以上に必要である。

　また，今回の改定のポイントの一つである1・2歳児の保育については，3歳以上の保育と同様に，0歳児と1・2歳児それぞれに保育のねらいや内容が規定された。平成20年の告示化へ向けた指針の改定の際には，大綱化の方針を受け，3・4・5歳児の保育を中心とした5領域の保育内容は要領と整合性をもたせて記載する

形となった。そのため，年齢ごとの発達の特徴は章としてまとめられていないことで，手がかりとなる０歳からの子どもの発達の理解は，薄まったような印象が残った。このことと，１・２歳児の保育利用児の増加や幼稚園での２歳児の子育て支援の受入れ，子育て支援施設の増加等を踏まえ，３歳以上の保育内容と同様に，３歳未満児の保育内容も示すこととなった。

　また，OECD国際レポート[2]などから，０・１・２歳の時期は，自己が形成され，他者との関わりが始まるなど，心身の発達に重要な時期であり，この時期の保育のあり方は，その後の成長や社会性の獲得，自己肯定感の形成等に大きな影響を与えるものであることが示された。０・１・２歳児の保育が，３歳以上の保育の前段階のように捉えられていることへの警鐘となるものである。さらに，このことは，幼児教育部会でも審議されており[3]，保育所だけでなく幼稚園においても３歳未満の段階の保育の重要性が明らかとなっている。

2　保育施設支援者の理解

　第10回の保育専門委員会で０歳児の保育内容の記載のイメージが示された（図1）。この図は，ベースに「養護」が表され，０歳児の段階で「身近な人と気持ちが通じ合う」「身近なものと関わり感性が育つ」「健やかに伸び伸びと育つ」という３つの視点で整理されたものが，その後，領域が重なり合いながら展開されるというイメージを示したものである[4]。

　この図により，保育者自身が，０歳児の保育が土台となり，その後の子どもの成長に大きな影響を与えるということを改めて自覚するきっかけができたと考えられる。

　幼稚園でも，３歳未満児の子育て支援機能をもっている場合には，このイメージを理解して，要領を理解する必要がある。また，未就

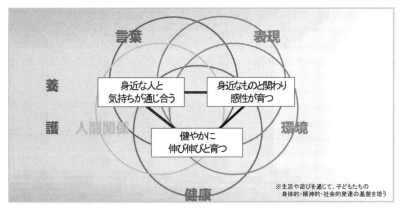

図1　0歳児の保育内容の記載のイメージ

出典：社会保障審議会児童部会保育専門委員会第10回配布資料，2016年12月21日

園の子どもを対象とした子育て支援センター等や地域型保育事業に
おいても，就園するまでの事業と捉えるのではなく，就学後の見通
しを意識した関わりを行うことで就園後の子どもの育ちに大きく影
響を与えていくという自覚が必要である。現段階では，子育て支援
拠点施設を対象にした指針はなく，運営主体でもあるNPO法人子
育てひろば全国連絡協議会が中心となってまとめた「地域子育て支
援拠点事業における活動の指標ガイドライン」があるのみである。[5]
そこでは，子育て支援に関わる内容はあるが，指針に記載されてい
る「内容の取扱い」に関するような支援者の配慮事項は示されてい
ない。どのような場であっても，子どもの育つ場に関わっていると
いう専門性をもつためには，指針における0・1・2歳児の育ちの
理解は必要と思われる。

第2節　指針等の整合性

1　全体的な計画

　「全体的な計画」は，平成27年版の教育・保育要領で初めて用
いられた計画である。その際，2013年当時の幼保連携型認定こど

も園保育要領（仮称）の策定に関する合同の検討会議の委員の一人である無藤は，「幼保連携型認定こども園は幼稚園と保育所の機能を兼ねるため，教育課程だけでも保育課程だけでも全体を表す用語とはなりません。そのため，教育及び保育の内容に関する『全体的な計画』としました。」として，幼稚園の教育課程と保育所の保育課程に代わる用語を統一して全体的な計画で表そうとした（無藤2014, p.17）。

平成30年版の指針等での表記をみると，要領では，「各幼稚園においては，教育課程を中心に，第3章に示す教育課程に係る教育時間の終了後等に行う教育活動の計画，学校保健計画，学校安全計画などとを関連させ，一体的に教育活動が展開されるよう全体的な計画を作成するものとする。」（文部科学省2018, p.94）と示し，教育課程だけでなく，教育課程に係る教育時間の終了後等に行う教育活動の計画や学校保健計画，学校安全計画などの様々な計画を含め，幼児の生活全体を捉えたものを全体的な計画と位置付けている（文部科学省2018, p.88）。

一方，指針では，平成20年版で示された，保育所生活の全体を通して，総合的に展開されるよう編成する「保育課程」（厚生労働省雇用均等・児童家庭局保育課2008, p.120）から，平成30年版では，保育所保育の全体像を包括的に示すものとして，「全体的な計画」が示された（厚生労働省2018, p.46）。そのため，平成30年版では要領と指針では，全体的な計画の位置づけが異なっているような印象が残った。養成段階においても，指針等によって「全体的な計画」の位置づけが異なることの理解を促す必要がうまれている。また，保育現場においても，幼稚園や保育所から幼保連携型認定こども園への移行が進んでおり，移行の際はそれぞれの保育の場で用いる指針等での全体的な計画の位置づけを理解して，種々の計画を立案していくことが必要である。

2　要録の整合性

　要録には，保育所等ごとにそれぞれの様式があり，名称はそれぞれ「保育所児童保育要録」「幼稚園幼児指導要録」「幼保連携型認定こども園園児指導要録」と示されている。文部科学省や厚生労働省から示されている参考様式によれば，「幼稚園幼児指導要録」「幼保連携型認定こども園園児指導要録」は，「園児の学籍ならびに指導の過程とその結果の要約を記録し，その後の指導および外部に対する証明等に役立たせるための原簿」となっている。「保育所児童保育要録」は，「保育所と小学校との連携の観点から，市町村の支援のもとに，子どもの育ちを支えるための資料として，保育所から小学校に送付するもの」とされ，保育所では，子どもの育ちを支えるための資料として，小学校との連携を目的に5歳児のみ記入することとなっている。

　要録の目的は，①子どもの「資質・能力」を小学校教諭と連携・共有することにより，個々に合わせた指導や援助に生かす②保育所等での活動（遊び・生活）を通して，子どもが様々なことを学び，成長している子どもの育ちを「要録」にまとめることで，「幼児教育」の意味を小学校教諭に伝えることができる③保育の経過記録を見直しながら，「要録」を記入する過程で，保育を振り返り，改善点をみつけることができる，ことと示されている（大方2018，pp.8-9）。

　その中で，保育所や保育所から移行した幼保連携型認定こども園にとっては，4歳児までの姿をまとめて記入することや3歳未満児の姿の記入枠が少ないことで，どのように記録していくのかということの戸惑いがみられた。保育の場では，子どもの成長の姿などは保育記録に随時記入している。今まで，児童の記録について，「一人の園児につき，週1回は記入する」といった慣例があったり，要録についての理解が不十分だったりした保育所等については，改

めて要録の意義や目的を確認する契機となったのではないかと考える。

　要録の記入は，１年間の保育記録ができていることが基本である。今井は，記録の必要性を「そのときの自分の思いを後で分析してみることが，自分が何をとらえようとしていたのか，自分はどういうものに心を向けていたのか，ということをしっかり意識化する一つの手だてなのかもしれません」と示している（今井 2003, p.16）。そこには，保育者自身がどのような保育をしているのかという保育観が見えてくるものである。要録の記入を通して，自らの保育を省察する機会となるよう理解を深めていくことが大切である。

3　保育の質向上

⑴　子育て支援

　保育士の資質向上については，平成 20 年版指針で保育の質を高める仕組みが明記された。要点は，⑴保育所の役割の明確化⑵保育の内容の改善⑶保護者支援⑷保育の質を高める仕組み，である（厚生労働省 2008, pp.3-5）。この中で，保育の質を高める仕組みとして「保育所全体で組織的及び計画的に保育に取り組むことや，一貫性，連続性のある保育実践」や「保育の資質向上のための施設長の責務」が明確化された（厚生労働省 2008, p.5, pp.201-204）。このことは，平成 30 年版指針でも引き継がれ，職員の資質向上が示された（厚生労働省 2018, pp.361-374）。さらに，「第 4 章 子育て支援」の中で，「保育所を利用している保護者に対する子育て支援」や「地域の保護者等に対する子育て支援」が保育所における子育て支援として述べられている（厚生労働省 2018, pp.349-360）。

　ただ，これからの支援は，保育所だけでできる支援ではなくなっている。保育現場では，相談援助者としての保育者の役割が大きく

なってきており，子育て相談の窓口として，特に保育所の役割は大きいといえる。ただし，現状では，相談援助に関する職員の専門性は必ずしも十分とはいえない。保育士資格には相談援助の基礎を習得していることが含まれているが，実際にさまざまなニーズを持つ保護者に対応することのできる高度な専門性を全ての職員がもっているわけではない。保育者だけで対応しようとすると無理が出てしまい，大きな負担になってしまう恐れや，対応を誤って問題をこじらせてしまう恐れもある。保育者自身が保育ソーシャルワーカーなどの研修に参加しやすいような取り組みも必要であるが，一方で，ソーシャルワークなどの専門家を配置することで，日常の保育に集中できる体制を整えることもできる。専門家の配置とともに，専門家や関係機関との連携や協働を進めていく環境づくりが必要だと考える。

⑵　保育士の資質向上

　平成20年版指針において，第1章総則で「保育所は，その目的を達成するために，保育に関する専門性を有する職員」として，施設長・保育士・調理員・栄養士・看護師等を「保育士等」と明記している（厚生労働省2008，p.10）。しかし，保育所保育は，様々な専門資格をもっている者同士が協働で進める部分と，保育士資格のある職員が責任をもって取り組む部分とに分けて考えることが専門性につながるのではないかと考える。例えば，第1章総則3保育の計画及び評価や4幼児教育を行う施設として共有すべき事項は，保育士資格のある職員の専門性に大きく関わる内容である。「保育士等」ではなく，「保育士」としての専門性を明確にし，「保育士」と「保育士等」の専門性の違いを自覚していくことが大切である。さらには，保育士資格を持たない者が業務を行う場合の専門性についても検討を続けていく必要がある。

⑶ 職員の研修

　平成 30 年版指針では，第 1 章総則 3 保育の計画及び評価として，
⑴全体的な計画の作成⑵指導計画の作成⑶指導計画の展開⑷保育内
容等の評価，に⑸評価を踏まえた計画の改善が加わり，保育の
PDCA サイクルが示された（厚生労働省 2018, pp.43-70）。特に，
⑷保育内容等の評価では，保育の計画や保育の記録や子どもの育ち
といった「保育実践の振り返りや職員相互の話し合い等を通じて，
専門性の向上及び保育の質の向上のための課題を明確にするととも
に，保育所全体の保育の内容に関する認識を深めること。」とあり，
保育士一人一人が振り返るだけでなく，職員の協働性の下での評価
が求められている。

　そして，保育士の資質向上のための研修は，2019 年 6 月に保育
現場におけるリーダー的職員の育成に関する研修について，一定の
水準を確保することを目的とした，保育士等キャリアアップ研修ガ
イドラインが定められた。

　これらの研修計画は，組織的に行われるだけでなく，「個々の保
育士等のキャリアパス等を踏まえ，本人の納得感を得られるような
ものとすることが，研修の実効性を高める上で重要であることに留
意すべきである。」としている（厚生労働省 2018, p.10）。未だ
女性が多い保育職においては，本人の納得感つまり仕事と家庭との
両立等，様々な要因の上に，自分自身のキャリアパスに対する意欲
があってこそ成り立つものである。キャリアパスは，自らの専門性
の向上を図りたいという思いの上に価値がうまれるものである。キ
ャリアパスが負担になり，保育職を続けられなくなるといったこと
がないよう，一時的なキャリアダウンも含めて計画的に進めること
が必要である。

第3節　小学校との接続

1　保幼小の連携から接続へ

　2016年，文部科学省の中央教育審議会初等中等教育分科会・教育課程部会において，生活・総合的な学習の時間ワーキンググループが設置された。9回の審議のうち，第6回では，図2のようなスタートカリキュラムのイメージ（案）が出されている。

　これは，就学前教育の教育内容と小学校の教育内容の接続について，小学校としてスタートカリキュラムをどう計画していくかというためのイメージ（案）であるが，同時に，就学前教育にとっても，どのような姿がどう科目に関連付けられているかを確認できるものである。

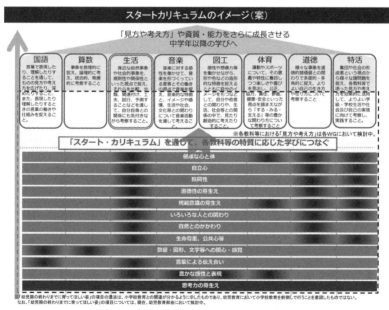

図2　スタートカリキュラムのイメージ（案），2016

出典：文部科学省教育課程部会生活・総合的な学習の時間ワーキンググループ第6回配付資料，
2016年3月24日

従来から小学校教育との連携を意識した活動は，特に5歳児では活発に行われている。ただそれは，近隣の小学校まで散歩と称して実際の通学路を体験したり，5年生と給食等の時間を共にしたりする，直接体験が多い傾向にあった。今後は子ども同士の連携だけでなく，カリキュラム上での接続をどのようにしていくのか検討する必要が深まってきつつあるといえる。

　表1は，平成20年版と平成30版の要領で小学校との接続内容の記述を比較したものである。平成20年版では，第3章指導計画及び教育課程に係る教育時間の終了後等に行う教育活動などの留意事項で記述され，幼稚園教育が，小学校以降の生活や学習の基盤の育成につながることや幼児と児童の交流や小学校の教師との意見交換や合同の研究の機会を設けたりするなどの連携が示されている。その後，平成30年版では，小学校との関係を示すものは，前文で「小学校以降の教育や生涯にわたる学習とのつながりを見通す」ことが明記され，第1章総則で，「5 小学校教育との接続に当たっての留意事項」が新設されている。さらに，評価の実施や幼稚園間に加え，保育所，幼保連携型認定こども園，小学校，中学校，高等学校及び特別支援学校などとの間の連携や交流について示された（表1）。このように幼稚園教育で，小学校教育に関わる記述が増えたことで，小学校教育との接続が強化されていることがわかる。

　この傾向は小学校においても同様である。小学校学習指導要領についても，平成30年版では，第1章総則において，第2教育課程の編成の中で，「4 学校段階等間の接続」が新設され，幼児期の終わりまでに育ってほしい姿を踏まえた指導を工夫することが示された。さらに各教科との関連では，平成20年版は，国語と音楽，図画工作において幼稚園教育との関連が示されていたが，平成30年版では，先述の3教科に加えて，算数や生活，体育の計6教科と，特別活動についても低学年での幼児期の終わりまでに育ってほしい

表1　平成20年版と平成30年版の要領における
小学校との接続についての記載内容の比較

		平成20年版	平成30年版
前文			家庭との緊密な連携の下，小学校以降の教育や生涯にわたる学習とのつながりを見通しながら，幼児の自発的な活動としての遊びを通しての総合的な指導をする際に広く活用されるものとなることを期待して，ここに幼稚園教育要領を定める。
第1章総則	第3　教育課程の役割と編成等		5　小学校教育との接続に当っての留意事項
	第4　指導計画の作成と幼児理解に基づいた評価		4　幼児理解に基づいた評価の実施 (2) 評価の妥当性や信頼性が高められるよう創意工夫を行い，組織的かつ計画的な取組を推進するとともに，次年度又は小学校等にその内容が適切に引き継がれるようにすること。
	第6　幼稚園運営上の留意事項		3　地域や幼稚園の実態等により，幼稚園間に加え，保育所，幼保連携型認定こども園，小学校，中学校，高等学校及び特別支援学校などとの間の連携や交流を図るものとする。特に，幼稚園教育と小学校教育の円滑な接続のため，幼稚園の幼児と小学校の児童との交流の機会を積極的に設けるようにするものとする。
第3章 指導計画及び教育課程に係る教育時間の終了後等に行う教育活動などの留意事項	第1　指導計画の作成に当たっての留意事項 1　一般的な留意事項	(9) 幼稚園においては，幼稚園教育が，小学校以降の生活や学習の基盤の育成につながることに配慮し，幼児期にふさわしい生活を通して，創造的な思考や主体的な生活態度などの基礎を培うようにすること。	
	第1　指導計画の作成に当たっての留意事項 2　特に留意する事項	(5) 幼稚園教育と小学校教育との円滑な接続のため，幼児と児童の交流の機会を設けたり，小学校の教師との意見交換や合同の研究の機会を設けたりするなど，連携を図るようにすること。	

表 2　平成 20 年版と平成 30 年版の小学校学習指導要領における
幼稚園との接続についての記載内容の比較

		平成 20 年版	平成 30 年版
第 1 章総則	第 2　教育課程の編成 　4　学校段階等間の接続		(1)　幼児期の終わりまでに育ってほしい姿を踏まえた指導を工夫することにより，幼稚園教育要領等に基づく幼児期の教育を通して育まれた資質・能力を踏まえて教育活動を実施し，児童が主体的に自己を発揮しながら学びに向かうことが可能となるようにすること。
第 1 章総則	第 4　指導計画の作成等に当たって配慮すべき事項	(12)　学校がその目的を達成するため，地域や学校の実態等に応じ，家庭や地域の人々の協力を得るなど家庭や地域社会との連携を深めること。また，小学校間，幼稚園や保育所，中学校及び特別支援学校などとの間の連携や交流を図るとともに，障害のある幼児児童生徒との交流及び共同学習や高齢者などとの交流の機会を設けること。	
第 1 章総則	第 5　学校運営上の留意事項 　2　家庭や地域社会との連携及び協働と学校間の連携		イ　他の小学校や，幼稚園，認定こども園，保育所，中学校，高等学校，特別支援学校などとの間の連携や交流を図るとともに，障害のある幼児児童生徒との交流及び共同学習の機会を設け，共に尊重し合いながら協働して生活していく態度を育むようにすること。
第 2 章　各教科 　第 1 節　国語 　第 6 節　音楽 　第 7 節　図画工作	第 3　指導計画の作成と内容の取扱い	(6)　低学年においては，生活科などとの関連を積極的に図り，指導の効果を高めるようにすること。特に第 1 学年においては，幼稚園教育における言葉・表現に関する内容などとの関連を考慮すること。	

| 第2章　各教科
　第1節　国語
　第3節　算数
　第6節　音楽
　第7節　図画工作
　第9節　体育
第6章　特別活動 | 第3　指導計画の作成と内容の取扱い | | 低学年においては，第1章総則の第2の4の(1)を踏まえ，他教科等との関連を積極的に図り，指導の効果を高めるようにするとともに，幼稚園教育要領等に示す幼児期の終わりまでに育ってほしい姿との関連を考慮すること。特に，小学校入学当初においては，生活科を中心とした合科的・関連的な指導や，弾力的な時間割の設定を行うなどの工夫をすること。 |
| 第2章　各教科
　第5節　生活 | 第3　指導計画の作成と内容の取扱い | | (4) 他教科等との関連を積極的に図り，指導の効果を高め，低学年における教育全体の充実を図り，中学年以降の教育へ円滑に接続できるようにするとともに，幼稚園教育要領等に示す幼児期の終わりまでに育ってほしい姿との関連を考慮すること。特に，小学校入学当初においては，幼児期における遊びを通した総合的な学びから他教科等における学習に円滑に移行し，主体的に自己を発揮しながら，より自覚的な学びに向かうことが可能となるようにすること。その際，生活科を中心とした合科的・関連的な指導や，弾力的な時間割の設定を行うなどの工夫をすること。 |

　姿との関連や小学校入学当初に生活科を中心とした合科的・関連的な指導や，弾力的な時間割の設定が示さた。このことは，小学校においても就学前教育と小学校教育との接続がより強調されていることを示すものである（**表2**）。就学前教育と小学校教育が目に見える連携だけでなく，互いに教育課程上で接続されていることを意識することが大切である。

おわりに—幼児教育・保育制度改革と 指針等の課題と展望

　今回，指針等を通して，「幼児教育において育みたい資質・能力」が明記された。これは，「幼児教育を通して子どもにどういう力が育つのかということを，抽象的に整理したもの」（無藤 2017，p.22）とされ，「学びが幼児教育，小学校，中学校，高校へとつながっていくなかで，そのつながりの根本になる力とは何かを表そうとしたもの」（無藤 2017，p.22）を意味している。従来の指針等で示されていた発達の連続性や学びの連続性の根幹となるものを具体的に「資質・能力」というもので表し，それが乳幼児期から小学校，中学校，高校へとつながっていくとされた。

　その資質・能力の一つである「知識・技能の基礎」は，幼児期の段階では，「豊かな体験を通じて，感じたり，気付いたり，分かったり，できるようになったりする」（文部科学省 2018，p.45）として，分かることやできることだけでなく，感じることや気付くことの重要性を示している。しかし，それぞれの保育現場で，幼児期の終わりまでに育ってほしい姿であるはずが，幼児期の終わりまでに育っていなければならない姿として認識され，小学校教育の前倒しのような知識が必要として，数量や図形，標識や文字などへの関心・感覚ではなく，文字そのものを教える方向へ進むのではないかという懸念が残る。幼児期における「知識・技能」「思考力，判断力，表現力等」の基礎となる具体的な保育内容や「学びに向かう力，人間性等」の理解をしていくことが必要である。

【註】
1　社会保障審議会児童部会保育専門委員会（第1回）が，開催された（2015年12月4日）。ここでの主な検討事項として，保育所における保育の基本

的なあり方の検討や指針の改定等に向けた検討等が提案された。

2　OECD 国際レポート（Brain sensitivity is highest for different types of foundation skills before children entre school, 2015）において，脳機能は，生まれると同時に発達させていることが示された。そのため，子どもに高い質の ECEC の機会を提供することの重要性が確認された。

3　中央教育審議会初等中等教育分科会教育課程部会幼児教育部会において，「幼児教育部会における審議の取りまとめについて」が報告された（2016 年 8 月 26 日）。

4　社会保障審議会児童部会保育専門委員会（第 10 回）で，資料 4 として「0 歳児の保育内容の記載のイメージ」が示された（2016 年 12 月 21 日）。

5　NPO 法人子育てひろば全国連絡協議会は，事業の基本的な理念や理論の明確化や支援内容の標準化と質的向上を図るため，厚生労働省が定めた「地域子育て支援拠点事業実施要項」（2014 年）に合わせて，その運営上の指標となるガイドラインを作成している。渡辺顕一郎・橋本真紀編著（2018）『詳解地域子育て支援拠点ガイドラインの手引き第 3 版』中央法規

6　保育所児童保育要録は，子保発 0330 第 2 号（2018 年 3 月 30 日）厚生労働省子ども家庭局保育課長通知「保育所保育指針の適用に際しての留意事項について」，幼稚園幼児指導要録は，29 文科初第 1814 号（2018 年 3 月 30 日）文部科学省初等中等教育局長通知「幼稚園及び特別支援学校幼稚部における指導要録の改善について」，幼保連携型認定こども園園児指導要録は，府子本第 315 号 29 初幼教第 17 号，子保発 0330 第 3 号（2018 年 3 月 30 日）内閣府子ども・子育て本部参事官（認定こども園担当），文部科学省初等中等教育局幼児教育課長，厚生労働省子ども家庭局保育課長通知「幼保連携型認定こども園園児指導要録の改善及び認定こども園こども要録の作成等に関する留意事項等について」により，それぞれ参考様式が示されている。

7　雇児保発 0401 第 1 号（2017 年 4 月 1 日）一部改正 子保発 0624 第 3 号（2019 年 6 月 24 日）厚生労働省雇用均等・児童家庭局保育課長通知「保育士等キャリアアップ研修の実施について」により，保育現場におけるリーダー的職員等に対する研修内容や研修が実施されるようになった。

8　文部科学省中央教育審議会初等中等教育分科会・教育課程部会において，

学校段階等別部会及び教科等別ワーキンググループ等の一つとして，生活・総合的な学習の時間ワーキンググループが設置された（2015年11月16日）。

【文献一覧】

今井和子（2003）『保育に生かす記録の書き方』ひとなる書房

厚生労働省雇用均等・児童家庭局保育課（2008）『保育所保育指針解説』フレーベル館

厚生労働省（2018）『保育所保育指針解説』フレーベル館

文部科学省（2008）『小学校学習指導要領解説総則編』東洋館出版社

文部科学省（2008）『幼稚園教育要領解説』フレーベル館

文部科学省（2017）『小学校学習指導要領解説』日本文教出版

文部科学省（2018）『幼稚園教育要領解説』フレーベル館

無藤隆（2014）『はじめての幼保連携型認定こども園教育・保育要領ガイドブック』フレーベル館

無藤隆（2017）『平成29年度告示幼稚園教育要領まるわかりガイド』チャイルド本社

無藤隆（2017）『3法令の改訂（定）の要点とこれからの保育』チャイルド本社

内閣府・文部科学省・厚生労働省（2015）『幼保連携型認定こども園教育・保育解説』フレーベル館

内閣府・文部科学省・厚生労働省（2018）『幼保連携型認定こども園教育・保育解説』フレーベル館

大方美香（2018）『10の姿で伝える！要録ハンドブック』学研教育みらい

第10章

幼児教育・保育制度改革と保育者養成・研修の課題

矢藤 誠慈郎（和洋女子大学）

はじめに

　本章では，保育者を養成する制度と保育者の研修の制度について，保育士，幼稚園教諭のそれぞれについてその特質と現状を確認し，今後の保育者養成・研修制度に関する課題を明らかにし，展望を試みる。

第1節　保育者を養成する制度

1　保育士の養成

⑴　指定保育士養成施設の卒業

　保育士資格を取得するためには，2通りのルートがある。すなわち，指定保育士養成施設（保育士養成校）を卒業するか，保育士試験に合格することである（児童福祉法（以下，児福法）18条の6）。

　現在，保育士養成校の教育課程は，平成15（2003）年10月1日施行の児童福祉法が保育士を法定化する改正（18条の4等）に伴い発出された，「指定保育士養成施設の指定および運営の基準について」（平成15年12月9日，厚生労働省雇用均等・児童家庭局長通知）に基づいており，保育所保育指針の改定（平成30（2018）年適用）に伴う平成30（2018）年4月27日の一部改正通知が現行の保育士養成課程を規定している。

　同通知の「指定保育士養成施設指定基準」では保育士養成校の目

的を「児童の保育及び児童の保護者に対する保育に関する指導を行う専門的職業としての保育士を養成すること」とし，保育士養成校を「保育に関する専門的知識及び技術を習得させるとともに，専門的知識及び技術を支える豊かな人格識見を養うために必要な幅広く深い教養を授ける高等専門職業教育機関」と，職業教育機関と位置付けている。

なお，指定保育士養成施設は，児福法施行規則6条の2の2に示す基準に適合する施設を指定することとしている。さらにその詳細を「指定保育士養成施設指定基準」で示している。

第六条の二の二　令第五条第一項に規定する厚生労働省令で定める基準は，次のとおりとする。

一　入所資格を有する者は，学校教育法による高等学校若しくは中等教育学校を卒業した者，指定保育士養成施設の指定を受けようとする学校が大学である場合における当該大学が同法第九十条第二項の規定により当該大学に入学させた者若しくは通常の課程による十二年の学校教育を修了した者（通常の課程以外の課程によりこれに相当する学校教育を修了した者を含む。）又は文部科学大臣においてこれと同等以上の資格を有すると認定した者であること。

二　修業年限は，二年以上であること。

三　厚生労働大臣の定める修業教科目及び単位数を有し，かつ，厚生労働大臣の定める方法により履修させるものであること。

四　保育士の養成に適当な建物及び設備を有すること。

五　学生の定員は，百人以上であること。

六　一学級の学生数は，五十人以下であること。

七　専任の教員は，おおむね，学生数四十人につき一人以上を置くものであること。

八　教員は，その担当する科目に関し，学校教育法第百四条に規定する修士若しくは博士の学位を有する者又はこれと同等以上の学識経

験若しくは教育上の能力を有すると認められる者であること。

九　管理及び維持の方法が確実であること。

　指定保育士養成施設の教育課程は次のように定められている（表
1 〜 3）。科目，授業形態，単位数が定められ，各科目の「教科目
の教授内容」（シラバス）が示されている。

表 1　必修科目（51 単位履修）

系列	教科目	単位数
保育の本質・目的に関する科目	保育原理（講義）	2
	教育原理（講義）	2
	子ども家庭福祉（講義）	2
	社会福祉（講義）	4
	子ども家庭支援論（講義）	2
	社会的養護 I（講義）	2
	保育者論（講義）	2
保育の対象の理解に関する科目	保育の心理学（講義）	2
	子ども家庭支援の心理学（講義）	2
	子どもの理解と援助（演習）	1
	子どもの保健（講義）	2
	子どもの食と栄養（演習）	2
保育の内容・方法に関する科目	保育の計画と評価（講義）	2
	保育内容総論（演習）	1
	保育内容演習（演習）	5
	保育内容の理解と方法（演習）	4
	乳児保育 I（講義）	2
	乳児保育 II（演習）	1
	子どもの健康と安全（演習）	1
	障害児保育（演習）	2
	社会的養護 II（演習）	1
	子育て支援（演習）	1
保育実習	保育実習 I（実習）	4
	保育実習指導 I（演習）	2
総合演習	保育実践演習（演習）	2

表 2　選択必修科目（18 単位以上設置，9 単位以上履修）

○保育の本質・目的に関する科目
○保育の対象の理解に関する科目
○保育の内容・方法に関する科目
○保育実習 II または保育実習 III（実習 2 単位）
○保育実習指導 II または保育実習指導 III（演習 1 単位）

表3　教養科目（10単位以上設置，8単位以上履修）

○外国語（演習）2単位以上
○その他　4単位以上
○体育（講義・実技）各1単位

(2)　保育士試験

　保育士資格を取得するもう一つの方法は，保育士試験に合格することである。児福法施行規則6条の9によると，受験資格は，①高等教育機関（大学，短大等）に2年以上在学して62単位以上修得した者，②中等教育（高等学校等）を終えて児童福祉施設で2年以上児童の保護に従事した者，③児童福祉施設で5年以上児童の保護に従事した者などである。試験科目は，6条の10によると，筆記試験に合格したうえで実技試験を受けることとなっており，筆記試験は，保育原理，教育原理及び社会的養護，児童家庭福祉，社会福祉，保育の心理学，子どもの保健，子どもの食と栄養，保育実習理論の8科目である。実技試験は，保育実習実技について行われる。筆記試験は科目ごとに合否が決められ，3年のうちにすべての試験科目に合格することを求めている。ただし，保育士養成校などで厚生労働省が指定する科目の単位を修得した場合に当該科目の受験が免除される，幼稚園教諭免許を所持している場合に一部の試験科目の受験が免除される等の規定がある。

　また，保育士試験は都道府県が実施する資格試験であり，「国家試験」ではない。そして，指定試験機関として，現在，一般社団法人全国保育士養成協議会が原則として全都道府県の保育士試験を一括して実施している。保育士資格を法的に所管しているのが厚生労働省であり，保育士試験の実施主体が都道府県であり，保育士試験の実務は全国保育士養成協議会と，意思決定や責任が分散した仕組みになっている。今後，権限と実施と責任を一貫させた，効率的な運用へと改善されることが望まれる。

　また，保育士資格の根本的な問題として，保育士養成校を卒業することと保育士試験に合格することとが資格として全く同様に扱われることについて，検討する必要がある。特に，保育士試験には保育実習がないことに鑑みると，例えば，保育士試験による資格をいわば仮の資格として，保育所等での一定期間の実務をもって正式な資格とするなど，養成校卒業と試験との整合性を図っていく必要があろう。

2　幼稚園教諭の養成

(1)　幼稚園教諭養成課程

　保育士資格については児福法の中の一部の規定という形であるが，幼稚園教諭については，教育職員免許法（以下，免許法）に規定されている。免許法自体が，教員免許に関する基準を定めることに加えて，教員の「資質の保持と向上を図ること」を目的としている（1条）ことも，保育士養成の法的規定と比べて注目すべき点である。

　教員免許が保育士資格と異なることの一つは，いくつかの種類と階層があることである。免許状には普通免許状，特別免許状（教育職員検定に合格した者に授与＝5条3項），臨時免許状（教育職員検定に合格した助教諭等＝5条6項）があり（4条），教員の需要に対する供給にも配慮されている。免許法4条2項によると，普通免許状は学校の種類ごとの教諭（及び養護教諭，栄養教諭）の免許状で，専修免許状，一種免許状，二種免許状がある（高等学校教諭は専修免許状と一種免許状のみ）。

　教員養成が保育士養成と異なることの一つは，大学等で学位を取得することを基礎資格としていることである。保育士養成は「指定保育士養成施設」で行われ，これは，大学，短期大学，専修学校，その他の施設であり，特に大学であることなどを要しない。教員養成は，学位を取得したうえで，教職課程に係る科目を履修するとい

表4　普通免許状の種類と基礎資格

免許状の種類	基礎資格となる学位	対応する大学等
専修免許状	修士	大学院（修士課程相当）
一種免許状	学士	大学
二種免許状	短期大学士	短期大学等

う考え方に基づいている。その内容は**表4**の通りである。

　教員免許状を取得するために教職課程において修得する単位数及び科目等は**表5**及び**表6**の通りである（免許法施行規則2条1項）。保育者養成課程が科目名，授業形態等を定めていることに比べて大綱的である。

　なお，二種免許状を有する者について，一種免許状を取得するよう努めることが求められている（9条の5）。文部科学省が3年ごとに実施している学校教員統計調査によると，二種免許状が，幼：68.0%，小：14.0%，中：3.9%，高：0.3%，一種免許状が幼：27.2%，小：72.9%，中：87.3%，高：79.8%，専修免許状が，幼：0.5%，小：5.1%，中：8.4%，高：19.2%と，幼稚園教諭における二種免許状保持者の割合が突出して高い。平成18（2006）年7月11日中央教育審議会答申「今後の教員養成・免許制度の在り方について」において既に，「二種免許状を有する教員については，一種免許状の取得に努めることが求められていることを踏まえ，今後は，例えば，任命権者に一種免許状取得の努力目標の設定を求めるなど，より実効ある方策について，検討することが必要である。」と免許の上進について言及されているものの，幼稚園教諭については進んでこなかった。令和元（2019）年度より文部科学省「幼稚園教諭免許法認定講習等推進事業」により免許法認定講習を委託して上進制を推進する方針が打ち出され，令和元（2019）年度は1県教委7大学，令和2（2020）年度は1県教委9大学が受託している。

表5　幼稚園教諭免許状の所要資格ごとの修得単位数

第1欄		第2欄	第3欄
	所要資格	基礎資格	大学において履修することを必要とする最低単位数
免許状の種類			教科及び教職に関する科目
幼稚園教諭	専修免許状	修士の学位を有すること	75
	一種免許状	学士の学位を有すること	51
	二種免許状	短期大学士の学位を有すること	31

表6　幼稚園教諭の普通免許状の授与を受ける場合の教科及び教職に
関する科目の単位の修得方法（教育職員免許法施行規則より）

	各科目に含めることが必要な内容	専修	一種	二種
領域及び保育内容の指導法に関する科目	イ　領域に関する専門的事項 ロ　保育内容の指導法（情報機器及び教材の活用を含む。）	16	16	12
教育の基礎的理解に関する科目	イ　教育の理念並びに教育に関する歴史及び思想 ロ　教職の意義及び教員の役割・職務内容（チーム学校への対応を含む。） ハ　教育に関する社会的，制度的又は経営的事項（学校と地域との連携及び学校安全への対応を含む。） ニ　幼児，児童及び生徒の心身の発達及び学習の過程 ホ　特別の支援を必要とする幼児，児童及び生徒に対する理解（1単位以上修得） ヘ　教育課程の意義及び編成の方法（カリキュラム・マネジメントを含む。）	10	10	6
道徳，総合的な学習の時間等の指導法及び生徒指導，教育相談等に関する科目	イ　教育の方法及び技術（情報機器及び教材の活用を含む。） ロ　幼児理解の理論及び方法 ハ　教育相談（カウンセリングに関する基礎的な知識を含む。）の理論及び方法	4	4	4
教育実践に関する科目	イ　教育実習（学校インターンシップ（学校体験活動）を2単位まで含むことができる。）	5	5	5
	ロ　教職実践演習	2	2	2
大学が独自に設定する科目		38	14	2
		75	51	31

(2)　免許状の有効期間と更新

　教員免許状は保育士資格と異なり，有効期限が定められている。
普通免許状は，授与の日の翌日から起算して10年を経過する日の

属する年度の末日まで効力を有する（9条1項）とされており，更新することができる（9条の2）。つまり教員を続けていく限りにおいては，10年ごとに免許を更新しなければならない。所定の課程による30時間以上の講習（免許状更新講習）を受講し，試験等による履修認定を受けることによって更新することとされている（9条の3）。

3　保育者の養成制度の課題と展望

(1)　養成課程の認定のあり方

　保育士養成校は，都道府県知事が指定することになっており（児童福祉法18条の6），保育士養成校の指定は都道府県の所掌事務である。児童福祉は都道府県の首長部局による一般事務の範疇にあり，従って保育士養成校の指定は，保育士養成に係る専門性を備えた審議会等の検討を経るわけではなく，「指定保育士養成施設指定基準」を形式的に満たしていれば，問題なく指定を受けることができる。

　教員の資格については，「指定保育士養成施設指定基準」の「第2　指定基準」「4　教職員組織及び教員の資格等」「(2)教科担当教員」「イ　資格」に「教科担当専任教員は，次のいずれかに該当する者であって，教育の能力があると認められた者であること」として，

　　（ア）博士又は修士の学位を有し，研究上の業績のある者
　　（イ）研究上の業績が（ア）に掲げる者に準ずると認められる者
　　（ウ）教育上，学問上の業績ある教育経験者
　　（エ）学術技能に秀でた者
　　（オ）児童福祉事業に関し特に業績のある者

が挙げられているのみである。個々の教員が各科目を担当することができるかについては，履歴書と研究業績書を提出するが，それら

が適正かどうかについて専門的見地から厳正にチェックを受けると
いったことはない。また現在保育士不足のため，供給過剰が懸念さ
れることもあまりないために，申請の可否が厳しく問われることが
ない。

　しかも，保育士養成課程における平成 30（2018）年 4 月 27 日
付通知による改正は，平成 15（2003）年の通知の一部改正に過
ぎないため，科目担当教員の資格等を改めて審査することはなく，
「教科目の教授内容」が新課程のシラバスに反映されていることの
確認等，改正部分について都道府県の求めに応じて資料を提出して
確認を受ける程度であって，改めて指定を受けるための申請といっ
た手続きではなく，届け出に過ぎない。つまり，仕組みとして，担
当科目について専門性を有しない教員がその科目を担当することを
妨げられるということはない。極端に言えば，昨日まで大学院で学
校教育制度を専攻していた人が今日から保育士養成で乳児保育を担
当する，昨日までピアニストだった人が今日から保育実習を担当す
るということが起こる。このことは保育士養成における専門的な教
授という観点における重大な問題の一つである。

　一方，幼稚園教諭養成課程は，文部科学省の「教職課程認定基
準」により厳しく審査されている。幼稚園教育要領や学習指導要領
の改訂に伴って教育職員免許法が改正されるため，各大学等は，既
に教職課程を備えている場合も，改めて教職課程としての認定を受
けなければならない（再課程認定）。むろん，新たに教職課程を設
置する場合は，当該地域に教職課程が必要か等についても調査を踏
まえて根拠を備えた理由を付して申請しなければならない。特に教
員については，教職課程の領域を踏まえた教授の数が定められ，各
科目の担当については，その科目に係る研究業績が求められるなど，
審査を受けることになる。教職課程は大学に置かれることが原則で
あるため，教職課程の教員は，大学設置基準の，例えば 14 条（教

授の資格）による，「教授となることのできる者は，次の各号のいずれかに該当し，かつ，大学における教育を担当するにふさわしい教育上の能力を有すると認められる者」の，

　一　博士の学位（外国において授与されたこれに相当する学位を含む。）を有し，研究上の業績を有する者

　二　研究上の業績が前号の者に準ずると認められる者

　三　学位規則（昭和二十八年文部省令第九号）第五条の二に規定する専門職学位（外国において授与されたこれに相当する学位を含む。）を有し，当該専門職学位の専攻分野に関する実務上の業績を有する者

　四　大学又は専門職大学において教授，准教授又は専任の講師の経歴（外国におけるこれらに相当する教員としての経歴を含む。）のある者

　五　芸術，体育等については，特殊な技能に秀でていると認められる者

　六　専攻分野について，特に優れた知識及び経験を有すると認められる者

のいずれかを満たしたうえで教育上の能力が認められていることが前提である。大学教員として認められたうえで，教職課程の専門科目の担当が可能であると審査により認められる必要があるのである。

　保育士養成課程は，科目名と授業形態並びに教授内容が詳細に規定されているが，その指定については，特段厳正といえる審査等はなく，緩やかであるといってよい。保育士養成課程の実施状況について都道府県等による指導調査はあるが，基本的にその内容が公表されることはない。幼稚園教諭養成課程は，法的には科目は大枠と含めるべき内容と単位数が定められているだけで，大綱化されているが，課程認定に係る審査において，教員の業績，科目名の妥当性等が審査され，加えて平成31（2019）年度から実施された教職

課程の認定に際しては，「コアカリキュラム」が十分に踏まえられているかについて，授業計画（シラバス）も詳細な点検を受け，また課程認定を受けた大学等に実地調査を行って，指導とその公表を行っており，設置前，設置後とも詳細な点検がなされている。また，保育士養成課程も幼稚園教諭養成課程も，定期的な評価等を受けることはない。教職課程に関しては，評価を導入する方向で検討されている。

(2)　保育士資格の階層化

　高等教育への進学率が概ね，大学13：短期大学1：専修学校等6であるのに比べ，保育士養成校の校種別の比率は概ね，大学8：短期大学8：専修学校等4の割合であり，保育士養成がより2年制の機関に依存していることがわかる。幼稚園教諭養成も2年制の養成機関への依存度の方が高い。しかし一方で，4年制保育士養成校は，20年前の概ね大学2：短期大学13：専修学校等5などかつてに比べれば著しく増加している。

　また，保育士養成課程は2年制を前提とした68単位であるが，保育士の役割と求められる知識等の広がりに応えるために，また幼稚園教諭養成課程との整合性を図るために，特に平成14（2002）年，平成23（2011）年，平成31（2019）年は改正を重ねるごとに新たな科目が加わっている。しかし68単位という枠組みを変えずに科目を増やすことによって，従来の科目の単位数の削減が行われている。また，直近の改正に至っては，科目数と単位数の調整では立ち行かなくなり，各科目の中の教授内容の入れ替えや統合などにより調整を図ることで，1つの科目を1人で教授することが困難な科目も見られる。既に2年制の養成にカリキュラム上の限界がきていることが明白であるにもかかわらず，修業年限の見直しには着手がなされない。

養成校に家庭の状況も含めて多様な学生が在籍する中で2年制養成が果たす役割がなくなっているとは言えない現状を踏まえると，また保育士不足という状況も踏まえると，保育士資格の階層化を目指すことが有益であろう。2年制課程をより基礎を確実に定着させるカリキュラムにして教授内容を絞り，4年制でより高度な専門性の涵養を図り，また卒業研究や大学院等で，特定の領域の専門性向上を図ることも可能である。

　大人の都合で子どもを保育所と幼稚園に分けるようなことをせずに地域の子どもがともに育ちうる認定こども園が広がりを見せていることを踏まえると，現在は保育士資格と幼稚園教諭免許を併有して認定こども園で働く職名である「保育教諭」を，統合した免許としていくことも視野に入れるべきであろう。そのためにも，保育士資格を階層化して幼稚園教諭免許の構成との整合性を図ることが望ましいと考えられる。

　保育士資格を階層化する場合，4年制もジェネラリストとして専門性を深めるあり方と，4年制では特定の分野を深めるスペシャリストとしての専門性の深め方がありうる。幼稚園教諭免許が前者であることと，保育士に求められることが既に多岐にわたることを考えると，ジェネラリストとして専門性を高めたうえで，大学院等でスペシャリストとしての専門的な学びを深めることがありうるだろう。

　そして，資格を階層化する場合，その専門資格のグレードに見合った，職務内容と処遇が設定される必要があることにも留意すべきであろう。

　ただし，保育士が18歳未満の児童を支援する専門職であることを踏まえると，単純に幼稚園教諭免許と統合するわけにはいかない。就学前の教育・保育をつかさどる保育教諭等を一つの免許とする仕組みになるのであれば，児童養護等の専門職を別に養成する必要が

生じる。これまで，保育士養成校の学生が授業や実習を通じて児童養護等に関心を覚えて進路選択につながることが少なくないことを踏まえると，保育士が担ってきた保育所以外の児童福祉施設における職務を担う資格等を別に創設する場合の人材確保に課題が生じることが考えられる。

第2節　保育者の研修制度

1　保育士の研修

(1)　保育士の研修が求められる根拠

厚生労働省令「児童福祉施設の設備及び運営に関する基準」7条の2（児童福祉施設の職員の知識及び技能の向上等）によると，児童福祉施設の職員は，「常に自己研鑽に励み，法に定めるそれぞれの施設の目的を達成するために必要な知識及び技能の修得，維持及び向上に努めなければならない」。さらに7条の2第2項では，「児童福祉施設は，職員に対し，その資質の向上のための研修の機会を確保しなければならない」と規定している。保育士は，養成段階で十分な訓練を受けたうえで，就職後も自らの専門性の向上に努めなければならない。そして施設が職員に研修機会を提供することが義務付けられている。

(2)　保育所保育指針における研修

また，保育所保育指針（平成29年厚生労働省告示第117号）では，職員の資質向上について1つの章を設けている。第5章「職員の資質向上」では，保育所が「質の高い保育を展開するため，絶えず，一人一人の職員についての資質向上及び職員全体の専門性の向上を図るよう努めなければならない」として，職員の資質向上を保育所の義務としている。

「1　職員の資質向上に関する基本的事項」では，「(1)　保育所職

員に求められる専門性」として，子どもの最善の利益を考慮し，人権に配慮した保育を行うために，「職員一人一人の倫理観，人間性並びに保育所職員としての職務及び責任の理解と自覚」が基盤となると規定している。そして保育士・看護師・調理員・栄養士等の各職員が，「自己評価に基づく課題等」を踏まえつつ，研修等を通じて，「それぞれの職務内容に応じた専門性を高めるため，必要な知識及び技術の修得，維持及び向上」に努めることが求められている。

また，「(2) 保育の質の向上に向けた組織的な取組」として，保育内容の自己評価等を通じて把握した課題に「組織的に」対応するため，「保育内容の改善や保育士等の役割分担の見直し等」に取り組むとともに，「それぞれの職位や職務内容等に応じて，各職員が必要な知識及び技能を身につけられるよう」努めることとしており，組織的な取り組みや体制，保育者それぞれのキャリア開発についても触れられている。

次に「2　施設長の責務」として，まず，施設長自身の法令遵守，「施設長としての」専門性等の向上，保育の質及び職員の専門性向上のために必要な環境の確保が求められている。続いて，施設長は，全体的な計画や各職員の研修の必要性等を踏まえて，「体系的・計画的な研修機会を確保」するとともに，「職員の勤務体制の工夫等により，職員が計画的に研修等に参加し，その専門性の向上が図られるよう」努めることを定めている。

さらに，「3　職員の研修等」として，「(1)　職場における研修」（いわゆる「園内研修」，OJT）について，保育者が「日々の保育実践を通じて，必要な知識及び技術の修得，維持及び向上」を図りつつ，「保育の課題等への共通理解や協働性」を高めることで，「保育所全体としての保育の質の向上」を図るという観点から，「日常的に職員同士が主体的に学び合う姿勢と環境が重要」であるとして，園内研修の充実が求められている。また，「(2)　外部研修の活用」

として，関係機関等による研修の活用が有効であることから，園内研修に加えて，いわゆる園外研修（Off-JT）も推奨され，必要に応じて園外研修への参加機会を確保することが求められている。

　以上を有効なものとするために，「4　研修の実施体制等」として，「保育の課題や各職員のキャリアパス等も見据えて，初任者から管理職員までの職位や職務内容等」を踏まえた「(1)　体系的な研修計画の作成」や，研修で得た知識及び技能を他の職員と共有することにより，保育所全体としての保育実践の質及び専門性の向上につなげていく」ことにより「(2)　組織内での研修成果の活用」を進めていくことが求められている。また，「(3)　研修の実施に関する留意事項」として，施設長が，「研修の受講は特定の職員に偏ることなく行われるよう」配慮し，「研修を修了した職員については，その職務内容等において，当該研修の成果等が適切に勘案される」，つまり身に付けた力を園で生かしていけるように配慮することが求められている。

2　幼稚園教諭の研修

(1)　幼稚園教諭に研修が求められる根拠

　研修について，保育士においては研修の具体的な規定が法定化されていないことに比べて，幼稚園をはじめとする学校教諭については具体的に規定されている。教員の研修については教育公務員特例法（以下，教特法）に規定されている。私立学校の教員はこの法律の適用を直接は受けないが，教員の責務については同じ教員としてこれに準じる形で研修等を実施していくものとして理解することが一般的であり，民間の幼稚園団体等ではその実施と参加の広がりに努めている。

(2) 研修権

　教特法では第4章（21条〜25条の3）において研修に関して規定している。21条では，「教育公務員はその職責を遂行するために，絶えず研究と修養に努めなければならない」とされ，同条2項では教育公務員の任命権者（当該自治体の教育委員会の教育長）が研修の施設，奨励方策，計画の立案と実施について責任を負うことが示されている。

　22条では，研修を受ける機会が与えられなければならないこと及び研修を受ける権利について示されており，所属長の承認を受けて勤務場所を離れて研修を行うことができることや，現職のままで長期にわたる研修を受けることができることなどについて規定されている。23条では，採用から1年間の「初任者研修」を指導教員の下で実施することが定められ，24条では「個々の能力，適性等に応じて，公立の小学校等における教育に関し相当の経験を有し，その教育活動その他の学校運営の円滑かつ効果的な実施において中核的な役割を果たすことが期待される中堅教諭等としての職務を遂行する上で必要とされる資質の向上を図るために必要な事項に関する研修」（中堅教諭等資質向上研修）を実施することとされている。

　一方で，25条では，任命権者は，児童，生徒または幼児に対する指導が不適切であると認定した教諭に対して，その能力，適性等に応じて，指導の改善を図るために，1年以内の期間において，計画的に，必要な事項に関する研修を実施しなければならないとされ，25条の2では，指導の改善が十分でない教諭に対して，免職その他の必要な措置を講ずることができるとされている。

3　キャリアアップ研修

　平成29（2017）年度より，保育士等キャリアアップ研修が開始された。これは，保育現場のリーダー的職員を育成するものとし

て，「児童福祉施設の設備及び運営に関する基準」や保育所保育指針における研修に関する規定を踏まえて策定された。

実施機関は都道府県または都道府県知事が指定する研修実施機関，保育士養成校，研修実績を有する非営利団体である。研修には，「専門分野別研修」，「マネジメント研修」及び「保育実践研修」がある。

専門分野別研修（①乳児保育，②幼児教育，③障害児保育，④食育・アレルギー対応，⑤保健衛生・安全対策，⑥保護者支援・子育て支援）は，概ね3年以上の勤務経験があり，保育現場においてそれぞれの専門分野に関してリーダー的な役割を担う（あるいは担うことが見込まれる）者を対象とする。①〜⑥のいずれかの受講修了者は「職務分野別リーダー」として月額5千円の処遇改善がなされる。また職務分野別リーダーの経験者で概ね7年以上の勤務経験がある者が4つ以上の専門研修を修了することにより「専門リーダー」として，月額4万円の処遇改善を受ける。主任保育士の下でミドルリーダーの役割を担う（あるいは担うことが見込まれる）。

マネジメント研修の対象は，職務分野別リーダーの経験者で概ね7年以上の勤務経験がある者であり，主任保育士の下でミドルリーダーの役割を担う（あるいは担うことが見込まれる）者である。マネジメントに加えて3つ以上の専門研修を修了することにより「副主任保育士」として，あるいは保育実践研修は，保育現場における実習経験の少ない者（保育士試験合格者等）や長期間，保育現場で保育を行っていない者（潜在保育士等）を対象としている。1分野に15時間以上の研修時間を取ることになっている。

専門分野別リーダーは園長・主任保育士を除く保育士全体の概ね1/5，副主任保育士と専門リーダーは概ね1/3と各園の受講者数を限定している。

なお，処遇改善に紐づけた研修として，幼稚園についても認定こども園についてもキャリアアップ研修と概ね共通した研修が行われている。

　キャリアアップ研修は，保育士不足の原因の一つとされる給与面の処遇を一段と改善する際の根拠としての研修受講を後付けしたという側面が強い。処遇改善ありきのキャリアアップ研修制度は，本来的な意味はともかく，キャリアと処遇を一致させる意味があることに疑いはないが，本来の，保育者の専門性の維持・向上を図るためのキャリアアップ研修として法令等に位置付けられなければ，政府の判断により随時廃止することが可能であり，恒久的な制度としての意味を持ちえない。

4　保育者の研修制度の課題

⑴　保育士の研修の法定化

　保育士の研修における重要な問題は，これらが保育所保育指針に示されているのみで，しかも努力義務の形で示されているということである。保育所保育指針は厚生労働大臣告示であり法的性格を帯びるが，保育士の研修については，努力義務にとどまっており，例えば「保育士法」のような法律を制定して，キャリアに応じた一定の研修について義務化することが求められる。

　保育士の研修は，地方自治体や保育所の団体等により盛んに行われている。しかし，法的に十分な裏付けがないため，自治体の予算措置などについても幅があり，研修の質と量に差が見られる。

　研修を受けることは，専門職に課せられた義務であると同時に，専門性を成長させるための権利である。保育士の権利保障の観点からも，全ての園が研修を行っているわけではないという現状を踏まえた保育の質の維持・向上の観点からも，研修の法的な義務付けが求められる。

⑵　私立幼稚園の研修の法定化

　例えば免許法による免許状更新講習はすべての教員に適用されるが，先に挙げた幼稚園教諭の研修に係る規定は，教特法によるため，私立学校の教員には適用されない。私立学校，またその一つである私立幼稚園は都道府県が所管しており，従来，直接的な指導等は行われてこず，いわば性善説に委ねられてきた。従って例えば，園によっては研修に全く出向くことなく園内研修も行われないということが起こり，また，文部科学大臣告示であり法的拘束力を持つはずの幼稚園教育要領に基づかない教育がはびこっていると言わざるを得ない。

　地方自治体や幼稚園の団体等により，幼稚園教諭の研修も盛んに行われている。しかしこちらも法的な裏付けが十分にないため，取り組みについて地域差が出ている。

　研修の実施や参加を計画的に充実させるとともに，教育内容の適正さについて第三者が評価し公表するような，幼児教育に本来求められる教育の質を担保し，子どもの利益に資することが，制度として求められる。幼稚園教育要領に基づかない教育をしている園は，人材の確保と定着に困難をきたす蓋然性が見込まれる。幼稚園教諭養成課程で学ぶ学生は，育みたい資質・能力や，子どもの主体的・対話的で深い学びや，幼児期の終わりまでに育ってほしい姿など，最新の幼児教育について学んでいる。園の幼児教育が幼稚園教育要領に基づかないものであれば，違和感を覚えてしまうのは当然と言える。また，幼稚園教諭が変わりつつある幼児教育について学びたいと思っていても，園が研修に出さないというケースも見受けられる。

　研修権の確保と幼児教育の質の向上という両面から，公立学校の教員に限定しない，私立幼稚園の教諭も含めた研修の義務付けが求められる。

おわりに

　保育者の養成課程に関する制度とその課題，そして保育者の研修に関する制度とその課題について検討してきた。

　養成も研修も，多くの養成校，多くの園では適切に取り組んでいるかもしれないし，その一部は非常に優れた取り組みを行っている。保育所や幼稚園の団体等も熱心に研修を実施しており，多くの園は足を運んでいる。しかし，子どもが通うすべての園が少なくとも適正に，かつできればより質の高い教育・保育を提供することができるような仕組みが必要であろう。

　文部科学省の「幼児教育の実践の質向上に関する検討会」，厚生労働省の「保育所等における保育の質の確保・向上に関する検討会」，「保育の現場・職業の魅力向上検討会」などで，子どものために保育の質を高めるという観点から，保育者養成校の努力，保育・幼児教育の現場の努力，それらの連携・協働，多職種間の連携・協働や地域や家庭との連携・協働などの推進が求められている。そのこと自体は概ね適切で望ましいことであろう。

　しかし，子どもを取り巻く環境の変化，保育・幼児教育の現場が抱える様々な課題，また養成校の実情に照らした課題等を考えると，そうしたアクターの自助努力に解決を求めるのは既に困難であるといえる。保育者の養成と研修に係る課題に対して，国が，文部科学省，厚生労働省，内閣府といった縦割り行政を越えて子どもに関わる制度のグランドデザインを設計することが求められる。それを踏まえて，各地方自治体が地域の実状を踏まえて自律的に取り組み，その過程で，保育者養成校や保育・幼児教育の現場と協働し，家庭や地域社会を巻き込んで包括的なシステムとして機能させていかなければならない。

　制度への「論」を中央政府及び地方政府の政策形成につなげてい

く実践が，保育・幼児教育制度の研究者にも求められるであろう。

【参考文献】
矢藤誠慈郎他（2012）地方自治体における保育所職員研修の運用に関する調査研究（平成23年度こども未来財団児童関連サービス調査研究等事業報告書）
矢藤誠慈郎（2015）保育リーダーの研修による保育の質の向上へ─マネジメントが求められる時代の保育リーダーの研修とは─，発達，142号，ミネルヴァ書房，pp.50-56
矢藤誠慈郎（2018）保育士の研修に係る法的規定に関する考察，子ども学，第6号，白梅学園大学子ども学研究所，萌文書林，pp.83-95

第11章

幼児教育・保育施設の多様化と保育行政の課題

大城 愛子 (畿央大学)

はじめに

　近年，幼児教育・保育施設に関する規制緩和や新しい施設形態の導入を背景に，幼児教育・保育施設の多様化が進んでいる。保護者の働き方や保護者が子どもに経験させたいと願う保育・教育方法が多様であることなどから，運営方式やサービスの提供が画一的なままでは保護者や子どものニーズに応じることが難しいため，施設の多様化に伴って様々な保育ニーズに柔軟かつ適切に対応できることが期待されている。その一方で，新しい施設形態や運営方式でもこれまでのように保育の質が確保できるのか，子どもの生活や経験が十分に保証できるのかといった懸念が生じていることも否定できない。様々な保育ニーズに対応しつつ，同時に保育の質を保証するためのシステムを構築することが求められている。しかしながら，行政レベルにおける保育の二元化あるいは三元化ともいえる状況は解消されておらず，子ども・子育て支援新制度の施行以降もこうした保育行政の課題は残存したままである。

　そこで，本章では日本およびスウェーデンにおける幼児教育・保育施設の多様化の現状について取り上げ，その課題と展望について考察する。スウェーデンにおいては，近年，都市部を中心に幼児教育・保育施設の設置・運営主体の多様化が進んでおり，その中でどのように質保証のシステムが機能しているかについて述べる。以上

をもとに，保護者ら当事者にとってアクセスしやすく透明性の高い幼児教育・保育施設と保育行政のあり方について展望したい。

第1節　日本における幼児教育・保育施設の多様化

1　幼児教育・保育施設の多様化とは

　一般的に多様化とは，物事などが多くの様々な種類に分かれていくことや増えていくことを指す。幼児教育・保育施設の多様化という言葉は，その設置主体や運営方式の種類や施設で実施される教育・保育の方法が様々になっていくことを指して用いられることが多い。日本の幼児教育・保育施設は主に，東京女子師範学校附属幼稚園に始まる幼稚園，託児施設として始まり戦後に児童福祉施設として位置づけられた保育所，2006年に創設された認定こども園の3種に分けられる。これらの設置運営について見てみよう。

　幼稚園には，国公立幼稚園と私立幼稚園がある。国立幼稚園は国立大学の附属幼稚園として設置されており，公立幼稚園は県立幼稚園1園を除き，市町村が設置運営しているものである。私立幼稚園は，学校法人の他，学校教育法附則6条（私立の幼稚園は当分の間，学校法人によって設置されることを要しない，という条文）により宗教法人，公益法人，社会福祉法人，個人などによる設置が可能となっている。基本的に学校は設置者管理主義をとっているため設置者が運営も担っているが，構造改革特区制度を適用して運営を民間に委託する方式が検討されているところである。

　保育所については，2000年まで認可保育所の設置は社会福祉法人か公的法人のみとするよう行政指導が行われており，設置主体を制限することにより保育の質を担保するという形での統制が行われていた。しかしながら，施設数が伸び悩み，保育所入所待機児童問題が深刻化する中では保育需要に応えられない原因の1つともされ，2000年3月に「保育所の設置認可等について」（厚生省児童

家庭局通知）において規制が緩和され，様々な団体が保育所を設置できるようになり，現在に至っている。保育所に関しては設置と運営が必ずしも一体的である必要はなく，市町村が設置して社会福祉法人や株式会社等が運営する公設民営方式が可能である。

　認定こども園には，幼保連携型認定こども園，幼稚園型認定こども園，保育所型認定こども園，地方裁量型認定こども園の4類型あり，それぞれによって認められている設置者が異なる。幼保連携型認定こども園は，国，地方自治体，学校法人，社会福祉法人のみ，幼稚園型認定こども園は，国，地方自治体，学校法人のみが設置可能である。保育所型認定こども園と地方裁量型認定こども園には，設置主体制限はない。

　以上のように，幼児教育・保育施設には主に3種類存在するが，その設置・運営形態が多様であることが分かる。2015年に始まった子ども・子育て支援新制度では，地域型保育が設けられ，さらに多様化が進んでいる。2ではその現状について見てみよう。

2　幼児教育・保育施設の多様化の現状

　2015年にスタートした子ども・子育て支援新制度では，それまで認可外保育として扱われてきた小規模保育等が地域型保育事業として公的な保育制度の中に位置付けられ，地域型保育給付が創設された。地域型保育事業は0〜2歳児を対象としており，小規模保育，家庭的保育，事業所内保育，居宅訪問型保育の4つに分類される。

　小規模保育は，保育士や家庭的保育者が保育所に比べて少人数の子どもを対象に保育を実施するものである。保育所分園やミニ保育所に近い類型のA型と中間型のB型は定員6〜19人で，C型は家庭的保育に近く，家庭的保育者が6〜10人の子どもの保育を行う。

　家庭的保育は，保育者の居宅等の家庭的な雰囲気のもとで少人数

（定員5人以下）を対象に保育を実施する事業である。家庭的保育者1名に対して定員3人，家庭的保育補助者がいる場合は定員5人まで認められる。

　事業所内保育は，事業所に設けられた保育施設等で，従業員の子どもと地域の子どもを一緒に保育する事業である。市町村が設定する割合に応じた地域枠を利用定員枠に対して設ける必要性がある。また，定員20名以上の場合は職員に関して保育所と同じ基準が求められる。

　居宅訪問型保育は，保育所等での集団保育が難しく居宅での保育の必要性が高い場合に保護者の自宅で1対1の保育を実施する事業である。

　以上の4類型は施設型保育に比べると小規模であり，保育者の目が届きやすいこと，家庭的な雰囲気の中で保育が実施できるというメリットがある。その一方で，類型によっては保育士資格が必ずしも必要ではなく，質をどのように担保するのかや子どもの受ける保育や経験が保育者によって左右されてしまうことが懸念材料となっている。

　子ども・子育て支援新制度がスタートして1年後の2016年4月時点での地域型保育事業の数は全国で3,719件で，家庭的保育事業958件，小規模保育事業2,429件，事業所内保育事業323件，居宅訪問型保育事業9件であった。設置者について見ると，個人，株式会社・有限会社，社会福祉法人，NPO法人，学校法人，一般社団・財団法人，医療法人等であり，多様な主体が事業に関わっていることが分かる（厚生労働省2016）。

　こうした中，2016年に政府は新たな保育の受け皿として企業主導型保育をスタートさせた。企業主導型保育は一般事業主からの拠出金を基に運用される事業で，企業が従業員のために設置し，従業員枠（従業員の子どもが利用する定員枠）と地域枠（従業員以外の

地域の子どもが利用する定員枠。設定は自由だが50％が上限）を
設けて子どもを預かる制度である。企業主導型保育の場合は定員数
にかかわらず，保育従事者は職員の2分の1が保育士であれば良
いという基準設定になっている。また，整備にかかる費用の多くを
助成金でまかなうことができるため，設置がしやすく，保育の受け
皿の拡大を狙って導入された。認可施設や地域型保育と異なり，市
町村を通さずに保育の受け入れが可能であること，認可外保育施設
であることから，保育の質はそれぞれの施設により担保される。し
かしながら，企業主導型保育の導入以降，整備にかかる助成金目当
てと思われる設置や事業の取りやめ，破産・民事再生といった事例
が報告されており，質の保証や事業の継続性，子どもの生活の保障
といった点で改善に向けた検討が急務である。

3 多様化に伴う課題

　これまで述べてきたように，日本の幼児教育・保育施設は設置・
運営の形態が様々であること，2015年以降地域型保育や企業主導
型保育のように色々な事業体が保育に関わっていることから，多様
化が認められることは明らかである。では，それに伴ってどのよう
な課題が挙げられるだろうか。

　1点目は，管轄が一本化されておらず，評価・管理のシステムが
複雑なことである。子ども・子育て支援新制度において，幼稚園，
保育所，認定こども園が財政上施設型給付に一本化されたことは評
価できるものである。しかし，施設そのものは幼稚園，保育所，認
定こども園に分かれたままで，管轄も文部科学省，厚生労働省，内
閣府という複数の行政機関が関わっている。また，内容に共通のも
のが多いとはいえ幼稚園教育要領，保育所保育指針，幼保連携型認
定こども園教育・保育要領の3つの保育内容に関する基準が存続
しており，幼児教育・保育の三元化ともいえる状況である。各国が

幼保一元システムの下で幼児教育・保育を一体的に提供し，質の向上に向けた取り組みを行う中で，日本の複雑なシステムは改善に向けた検討を着実に進めていくべきであろう。

　2点目は，質評価のシステムが確立されていないことである。認可施設は法律と施設設備に関する基準を順守する必要があり，事前統制として一定の水準に達していることが求められる。しかしながら，幼児教育・保育を実施した結果を評価するシステムはまだ十分に機能していないのが現状である。第三者評価は重要な取り組みであるが，評価機関そのものにばらつきがあること，評価に積極的でない施設や結果を公表していない施設がある等，施設によって評価に対する姿勢に大きな差があるのが現状である。施設が多様化する中で，統一的な質保証のシステムを構築することは，子どもの権利を守り，その成長を保障するためにも重要な課題であると考えられる。また，様々な施設形態が存在する中で，保護者は何を基準に自分の子どもが通う施設を選択したらよいのか途方にくれるケースもあり，行政は住民目線に立った分かりやすい情報提供をする必要があるだろう。

　次節ではスウェーデンを事例に，幼児教育・保育施設の多様化の実態と質保証のシステムについて述べる。

第2節　スウェーデンにおける幼児教育・保育施設の多様化

1　スウェーデンの幼児教育・保育施設

　スウェーデンでは幼保一元化されており，1歳から5歳までの就学前の子どもの保育と教育は就学前学校（förskola）で実施されている。就学前学校は学校庁（Skolverket）が管轄しており，学校法，就学前教育カリキュラム（Lpfö18），コミューン（市町村レベルの自治体）の教育プランに基づいて，各就学前学校での教育・保育

が実施されている。保育の必要性に応じて保育時間が定められており，幼児教育を無償で提供するという観点から3歳児以上は年間525時間までは保育料はかからない。なお，就学前学校の保育料は家庭の所得や保育時間に応じて決められ，所得が多いほど保育料も高くなるが，2002年にマックスタクサ（maxtaxa）という各家庭が支払う保育料の上限を定める制度が導入された。保育料は各家庭の所得と第何子かによって異なり，毎年改定されるが，2020年は第一子は1ヶ月につき所得の3%（上限1,478クローネ），第二子は所得の2%（同986クローネ），第三子は1%（同493クローネ）となっている。この保育料は，子どもの通う就学前学校が公立であれ私立であれ同額である。スウェーデンはほとんどの家庭が共働きのため，就学前学校に通う子どもの割合は高い。2019年には，1歳から5歳までの全児童の85%以上が就学前学校に通っており，1歳児は約50%，4〜5歳児は95%以上である（Skolverket 2020）。

　就学前学校以外に，コミューン，個人，民間団体等が運営する教育的ケア（pedagogisk omsorg）と呼ばれるものも存在する。家庭的保育者の自宅等で5人程度の子どもを対象に行われる保育で，日本の家庭的保育事業に相当する。保育の必要性に応じて保育時間が定められ，保護者が保育料（上限あり）を支払う点は就学前学校と同じである。近年は利用者が減少傾向にあり，教育的ケアを利用する1〜5歳児の割合は2〜3%程度であるが，より家庭的な保育を望む保護者や子どもの受け皿となっている。

　スウェーデンというと福祉国家としてのイメージが強いため，福祉や教育は公的機関が提供しているものと考える人も多いだろう。しかしながら，実態をのぞくと，2に述べるように我々のイメージとは異なる姿が見えてくる。

2　就学前学校の多様化とその実態

　福祉国家として発展してきたスウェーデンでは，長年，福祉・教育・保育の分野ではコミューン等の地方自治体が直接サービスを提供していたが，1990年代以降，民営化や民間委託が増えており，現在では高齢者福祉や教育・保育分野で多くの民間の事業体が存在している。就学前学校も以前はその多くはコミューンが設置・運営する公立就学前学校だったが，現在は民間による設置・運営が珍しくない。そもそも学校に関して設置主体制限がないため，株式会社，親協同組合，職員協同組合といった様々な事業体による就学前学校の設置が可能なのである。特に，中道右派の穏健党（Moderaterna）の支持者が多いストックホルムやその周辺のコミューンでは，行政サービスの効率化や多様な教育・保育の実施という観点から民営化や民間による就学前学校設置が進められたことから，私立の就学前学校が多く存在する。　その一方で，　社会民主労働党（Socialdemokraterna）の支持基盤が強い地域では圧倒的に公立学校が多い等，地域差がある。2019年にはスウェーデン全体で就学前学校は9,750校あり，うち公立は6,941校，私立は2,809校であった。ストックホルムに限ると，全984校中公立は542校，私立は442校であり，私立の割合が非常に高いことが分かる（Skolverket Statistik）。

　では，その多様化の実態はどのようになっているのだろうか。私立就学前学校の中で最も多いのが株式会社によるものである。スウェーデンで株式会社を作ることは難しいことではないため，公立学校の元校長らが株式会社を立ち上げて就学前学校を1校か2校設置する小規模なケースも多い。その場合は校長が株主を兼ねており，利益追求のためというよりは社会的企業的な色合いが濃いようである。一方で100校以上の就学前学校を運営する巨大な株式会社もあり，様々である。子どもの数に応じて運営費がコミューンから交

付され，それをもとに運営される点では株式会社立も他の設置主体と同じだが，経理上，倒産を防ぐために余剰金を確保しておかなければならない。しかし，教育・保育にかかる経費を削減して質の低下を招くことは，逆に経営難を招きかねない（質の低下によって通ってくる子どもの数が減れば，運営費も削減される）ため，学校運営には一層の工夫が求められる。

　親協同組合は教育・保育に関する思いを同じくした保護者らが協同組合を設立して就学前学校を運営するもので，職員協同組合も同様に職員らが協同組合を設立して就学前学校を運営する。中には，親協同組合が就学前学校を開設し，10年ほど経過した後に職員協同組合に移行して，最終的には株式会社立になった就学前学校もあり，法人格の変更はかなり容易に行われる。

　また，教育・保育方法が多様であることも指摘しておきたい。どの就学前学校も就学前学校カリキュラムに則って目標を設定し活動を計画しなければならないが，どのように教育・保育目標を達成するかは各学校の裁量に任されており，就学前学校によって主たる教育・保育方法が異なる。近年人気があるのは，自然教育（森のムッレの活動を取り入れた教育方法等）やレッジョ＝エミリアで，他にモンテッソーリ，シュタイナー，伝統的教育方法（オーソドックスな活動）等があり，保護者らが就学前学校を選ぶ際の基準ともなっている。

　以上のように，設置主体制限がなく様々な事業体が運営し，教育・保育方法も多様な中では，どのように質を保証して子どもの生活を守るのかは重要な論点である。日本の児童福祉施設設備運営基準や幼稚園設置基準のような詳細な規定はなく，むしろ結果による統制が働いているのがスウェーデンの特徴といえる。

3　質保証のシステム

　スウェーデンではバウチャー制がとられており，保護者・子ども
は基本的に居住するコミューン内の就学前学校から通学する就学前
学校を選択する。各就学前学校は子どもの数に応じてコミューンか
ら運営費を受け取り，それを基に運営する仕組みになっており，用
途（職員給与，家賃，光熱費，給食代，教材，クリーニング費等）
は各学校に任せられている。一定数の子どもが集まらなければ学校
を存続させられないため，教育・保育方法や学校独自の取り組みを
通して保護者らに選んでもらう必要があり，コミューンによる監査
だけでなく，保護者らによる選択を通して質の統制が働いていると
いえるだろう。

　それが可能となるためには，選択のベースとなる，保護者らへの
透明性の高い情報提供が必要である。ストックホルムの就学前学校
に関するウェブサイトには，どの就学前学校においても共通のフォ
ーマットで基本的な情報（学校種，所在地，公立私立の別，児童数，
職員1人あたりの児童数，職員のうち就学前学校教員の割合）と
保護者を対象に行われる調査報告書が掲載されている。調査報告書
に掲載されている内容は，就学前学校の教育・保育，職員への評価
に関する共通の質問項目とそれに対する保護者の答えの集計であり，
例えば，「この就学前学校に満足している」，「この就学前学校をお
勧めできる」，「この就学前学校の教育的環境は，遊び，発達，学び
を促進するものだと思う」，「子どもはこの就学前学校で安心感をも
って過ごしていると思う」等の項目があり，「全くそう思う」から
「全くそう思わない」の5段階でどのような回答があったかを区内
の就学前学校の平均と比較して見ることができるようになっている。
保護者にとっては，すでにそこに通っている保護者がその就学前学
校をどのように評価しているかが一目瞭然であり，就学前学校を選
択する際に大いに参考になるものである。

なお，就学前学校には，毎年の年次報告書・職員の自己評価報告書・保護者対象の調査報告書の作成とコミューンの監査部による年1～2回の訪問調査の受け入れが義務付けられている。年次報告書には，教育・保育の基本方針，学校法・就学前学校カリキュラム・コミューンの教育プランとの関連，1日の流れ，職員配置，教育・保育の目標と達成手段，基礎学校（義務教育を行う学校）との連携方法，就学前クラス（6歳児対象に行われる1年間の就学前教育）進学前の配慮等を記載しなければならない。職員の自己評価報告書には，各就学前学校の目的とその達成手段，環境構成・施設の安全性等に対する評価，職員配置・研修の妥当性の評価，自身の自己評価等が含まれる。監査部による訪問調査は，監査部職員が2日間にわたって調査を行うもので，必要書類の整備状況，教育・保育の実施状況，安全面の配慮・管理事項，子どもの出席簿等の記録，子どもの権利や平等性の保障等の項目がチェックされ，評価が60％に満たない場合は再監査の対象となる。改善されない場合は就学前学校の登録取消や閉鎖といった処分が下される。

　以上のように，スウェーデンでは長年，公的にサービスの提供が行われることによって平等性を保障するという姿勢が取られてきたが，近年はニーズに応じた多様なサービスが提供されている。オーソドックスな教育・保育実践の多い公立とはまた異なる実践が株式会社を始めとする民間の事業体によって行われ，それを選択できることに期待する声も多い。こうした変化を経て，スウェーデンの就学前教育が今後どのような発展を見せるのかが注目される。

　スウェーデンにおける幼児教育・保育施設の多様化を語る際に忘れてはならないのは，質の保証と保護者の選択の保障を可能とするシステムの整備が前提となっていることである。各就学前学校の評価に関して共通の仕組みがあり，情報がすべて公開されていること，その情報に誰もが簡単にアクセスして比較検討できることは，学校

システム全体の透明性を確保するものであり，今後の日本の制度改革に向けて重要な示唆となるであろう。

第3節　保育行政の課題

　これまで幼児教育・保育施設の多様化に関して述べてきたが，それらをめぐって行政が抱える課題について考察することとする。

　1点目は，十分に質が保証された保育の受け皿の確保と保護者・子どもの選択を可能とすることである。スウェーデンにおいて幼児教育・保育施設の多様化は保護者による選択とニーズに応じたサービスの提供を可能としたが，日本においては保育所入所待機児童問題を背景に，自治体によっては保育所に入ることができれば幸運，というくらいである。従って，保護者による選択性を保障するところまで進んでおらず，まずは保育需要に見合うだけの保育の受け皿を確保することが急務となっており，多様な類型を活用して早急に保育の場を作り出そうとしている。この点について佐橋は，2006年にすでに，認可保育所に関するサービスの圧倒的な不足によって保護者は希望するサービスの選択に至っておらず，選択性が向上したとはいえないこと，保護者が入所選択できるとはいえ，その利用や代替策が保証されておらず，選択性が保障されているとはいいがたいことを指摘している（佐橋 2006, pp.113-114）。その後10年が経過して保護者の選択制をめぐる状況に変化がない中で，地域型保育や企業主導型保育のように，中には十分に質を確保した保育とはいえない形態の保育が拡大していることには懸念がある。質が保証されない以上，そのような施設が大量に設置されたとしても，保護者の選択の幅を広げるものとはいえないからである。そのため，施設整備・運営の評価を適切に行い，量だけでなく質も確保できるような方策を取ること，保育の質に関わる情報への保護者のアクセスの確保が行政には求められる。

2点目は，施設整備そのものに関する困難さである。保育の実施に責任を負っているのは市町村だが，現在，多くの中小規模の自治体は財政難を抱えており，財政上の制約から待機児童がいても施設整備を進めることに二の足を踏む現状がある。日本の将来推計人口は減少が避けられない見通しで，特に地方の自治体は今後数十年で著しい人口減少に見舞われることが予想されている。それに伴い，出生数も大幅に減ることが目に見えている中で，数十年にわたる施設の使用・管理を念頭に幼児教育・保育施設を新設するという判断が難しいことは想像に難くない。また，自治体によって待機児童の状況には大きな差があるため，それぞれの地域の実情に応じて，既存の施設を有効に活用しつつ，保育の受け皿を確保することが必要であろう。

　3点目は，長年の懸案事項である幼児教育・保育の一元化の問題である。2006年に認定こども園制度が創設されて，幼児教育・保育の一体的な提供と地域における子育て支援が行われることになったが，現実には保育の三元化ともいえる状況が生み出された。管轄する中央行政機関が文部科学省，厚生労働省，内閣府の3つに渡ること，教育・保育内容の基準も3つ存在すること，保育士資格と幼稚園教員免許状は重なる学修内容が多いにも関わらず別の免許・資格として存在すること等，現行制度は不利益も大きい。また，幼児期から義務教育への接続を子どもの発達に即した形で効果的に実施するためには，幼児教育・保育が一元的かつ包括的なシステムで運用されていることが理想である。接続期を重視するという観点からも，幼児教育・保育の一元化の必要性は高いと考えられる。

おわりに―幼児教育・保育施設の多様化と　　　保育行政の課題と展望

　最後に，日本とスウェーデンにおける幼児教育・保育施設の多様

化と保育行政の課題を基に，今後の保育行政の展望について考えてみたい。

　今後の日本の保育行政に求められるものとして，第1点目に情報公開と透明性の確保，第2点目にスマート自治体への移行を見通したICTの活用の促進を挙げる。

　これまで述べてきたように，幼児教育・保育の中心にいる子どもとその保護者は，自分たちに合った幼児教育・保育を選択することが可能であるべきである。しかしながら，その選択の前提となる保育の受け皿と情報に制限があることはすでに指摘した通りである。保育の受け皿に関する課題をすぐに解決することは難しいかもしれないが，情報に関しては自治体の工夫により解決できる部分もあるだろう。例えば，現在，市町村の幼児教育・保育施設に関するウェブサイトは概して分かりにくいものが多く，どの種別なのか（公立私立の別，保育所，幼稚園，4類型のうちどの型の認定こども園か），どのような保育方法や教育・保育理念なのか等が一瞥しただけでは分からない。私立の施設の場合は，その設置者によってウェブサイトの情報量や内容，見やすさにかなり差があり，また公立ではそれぞれの施設のページすらないこともしばしばである。結果的に保護者は，口コミ等から施設の特徴を量ることしかできない。第2節で例として挙げたストックホルムの就学前学校に関するウェブサイトのように，公立私立を問わず共通のフォーマットを活用した基本情報や共通の評価項目の調査結果の提示など，統一的な指標で各施設のことを知ることができるようなシステムの構築が必要ではないだろうか。保護者らへの透明性の高い情報提供とアクセスの実現は，今後スマート自治体への移行が目指される中で布石となるであろう。

　スマート自治体は，「システムやAI等の技術を駆使して，効果的・効率的に行政サービスを提供する自治体」と定義されている（スマート自治体研究会2019，p.23）。政府は，今後自治体規模

が縮小して限られた自治体職員で地方行政を担わざるを得なくなることを見越して，様々な手続きのオンライン化など，住民の負担軽減と行政の効率化を図ることを目指している。保育施設等の利用申込や保育施設等の現況届等，保育や子育てに関わる手続きも，これまでの手書き書類ベースのシステムでは膨大な事務作業を必要とするため，効率的かつ効果的な方法にシフトしていく必要がある。保育行政の分野はICTの活用が遅れているのが現状だが，有効に活用することにより，限りある人的資源を子どもと直接関係のある保育の質の維持向上に関わる事務に振り分ける等，今後の保育行政の可能性を広げることにつながると期待している。

【文献一覧】
厚生労働省（2016）「地域型保育事業の件数について（平成28年4月1日現在）」
佐橋克彦（2006）『福祉サービスの準市場化』ミネルヴァ書房
スマート自治体研究会（2019）「地方自治体における業務プロセス・システムの標準化及びAI・ロボティクスの活用に関する研究会報告書～「Society 5.0時代の地方」を実現するスマート自治体への転換～」
Skolverket Statistik
　https://www.skolverket.se/skolutveckling/statistik
Skolverket（2020）"Barn och personal i förskola 2019"

第12章

"子どもの人権"論再考
―原理論からの問い掛け―

坂田 仰（日本女子大学）

はじめに

「子どもの人権を保障することにより，その最善の利益を確保する」，「子どもの人権に照らし，この施策に賛成（反対）する」等，幼児教育，保育等，子どもに関わる多くの分野において，"子どもの人権"という言葉が繰り返し登場する。その意味において，"子どもの人権"を保障することは，子どもに関わる全ての者にとって，制度の構築，政策判断等を行う際の共通の基盤，ある種の「公理」になっていると言ってよいだろう。

しかし，自らの意思を表明することが困難な乳幼児[2]について，誰がその担い手，「擁護者」を務めるのか，と問われると途端に行き詰まる。保護者か国家か，二者択一とまでは言えないとしても，明確な答え，統一的な解答は必ずしも存在しない。"子どもの人権"という共通の言葉を用いて議論を行い，多様な施策が進められていながらも，その内実は脆く，危ういものなのではないか。これが本章の問題関心である。

この問題関心の下，本章では，人権論の原理的側面，中でも人権論の原初，沿革[3][4]に照らしつつ，公理的存在として機能する"子どもの人権"という言葉について問い直しを行うことを目的としている。この作業を通じ，"子どもの人権"という用語が内包する矛盾を描出し，幼児教育，保育を支える基盤となっている"子どもの人権"

が必ずしも自明のものではないという点を示唆できればと考えている。

第1節　思想としての人権

　"子どもの人権"を考えるにあたり，最初に整理しなければならないのは，"思想としての人権"と"制度化された人権"の相違である。

　本章でいう"思想としての人権"は，人種，信条，性別等を問うことなく，人が人である限り，当然認められるべき権利を意味する。1776年のアメリカ独立宣言の「すべての人間は生まれながらにして平等であり，創造主によって，生命，自由，および幸福の追求を含む不可侵の権利を与えられている」とするフレーズ，すなわち「天賦人権」という考え方は，まさに"思想としての人権"を表したものと言えるだろう。

　他方，"制度化された人権"とは，憲法等を通じて国家の制度に組み込まれた諸権利を意味する。日本国憲法であれば，第三章で「国民の権利及び義務」として定式化されている。では，何故"思想としての人権"は制度化された（されなければならない）のか。その大きな理由は，人権の実効性を担保するという点にある。

　教育を受ける権利は，学校教育制度の整備という国家の関与なしには実現し得ない。また，人権が侵害された場合，その救済が図られなければ"絵に描いた餅"に終わる。暴力装置が国家によって独占され，自力救済禁止の原則が確立した結果，国民は自らの権利が侵害された場合，その救済を国家に求めるしかないという状況になった。国民は，権利の実現を「自らが「国民」であることを理由に，国家の裁判サービスに求めるほか」道はなく，「すべての自然人に法人格（権利能力）を承認する人権思想が，画餅に帰さないで済んでいるのは，「国民の身分」に基づく国家の権利保護によって，そ

れが下支えされているからに」過ぎないと言える[5]。"思想"から"権利"への転換を図る大きな意味がここに存在している。

　しかし，"思想としての人権"と"制度化された人権"は必ずしも一致しない。各国の人権カタログ[6]，あるいは新旧の人権カタログを比較すると，そこに含まれる権利には相違が存在する。何が「不可欠の権利」，「根本的な権利」かについては，それを判断する者によって差異が生じる。それ故，"思想としての人権"が制度化される際，起草者によってある種の価値選択が行われていると考えるべきである。

　当然のことながら，"制度化された人権"が有するこの価値選択性を前提とするならば，本章で前提となるのは，人権の原理論，原初と沿革等を内包した"思想としての人権"ということになる。以下，本章における人権は，特に断りのない限り，"思想としての人権"を意味するものとして使用する。

第2節　普遍性への"懐疑"

　最初に，"子どもの人権"を語る文脈で用いられる「人権の普遍性」から議論を始めたい。

　確かに，人権は，第二次世界大戦後，国際社会の秩序を形成する普遍的理念として認識されるに至ったと考えられる。国際秩序の維持において中心的役割を担う国際連合（United Nations）は，「われら連合国の人民は，われらの一生のうち二度まで言語に絶する悲哀を人類に与えた戦争の惨害から将来の世代を救い，基本的人権と人間の尊厳及び価値と男女及び大小各国の同権とに関する信念を改めて確認し，正義と条約その他の国際法の源泉から生ずる義務の尊重とを維持することができる条件を確立し，一層大きな自由の中で社会的進歩と生活水準の向上とを促進する」とし，国際連合憲章（Charter of the United Nations）前文で"人権"を諸価値の筆

頭に掲げている。

　したがって，国際連合に加盟する国家は，その実態は別として，少なくとも理論上は人権という価値にコミットメントすることに同意した国家と見なしてよい。国家としての日本も例外ではない。最高法規である日本国憲法は，第三章の「国民の権利及び義務」を設け，幸福追求権（13条後段），平等権（14条1項）以下，多くの人権をそのカタログに搭載している。それ故，日本における幼児教育，保育の在り方を論じるに当たり，人権論に言及することは「当然」と言えるだろう。

　ただ，その概念が普遍的なものであるのかと問われると，疑問の余地が存在する。改めて指摘するまでもなく，人権とは，個人の尊厳から出発し，人間であれば誰もが保障されるべき権利，すなわち人一般の権利と定義される。ここでいう「人」，すなわち人権の享有主体には，生まれたばかりの子どもから死の淵をさまよう人々まで，老若男女全ての「人」が含まれている。この視点からは，人権の享有を前提として，幼児教育，保育の在り方を論じることに違和感はない。多くの研究者，実践者が，暗黙のうちに共有する前提であろう。

　しかし，人権の歴史を遡るとき，この前提が原初的には必ずしも自明のものとは言えなかったことが分かる。周知のように，人権は，近代市民革命を経て，西洋近代の中で育まれた概念である[7]。その中にあって，1789年にフランスで誕生した「人及び市民の権利の宣言（Déclaration des Droits de l'Homme et du Citoyen）」（以下，フランス人権宣言とする）は，単なる権利を超えて，人一般の権利をはじめて正面から肯定したものと評価されている。

　ただ，ここで注意すべきは，人権という概念それ自体が，人類の歴史の中で常に存在したものではなかったという点である。人権の歴史は，フランス人権宣言以降せいぜい230年余りに過ぎず，人

類の歴史の中で例外的事象として捉えることも不可能ではない（例外事象としての人権）。日本国憲法はこの点を自覚し，だからこそ，この例外を維持し続けるために，「この憲法が国民に保障する自由及び権利は，国民の不断の努力によつて，これを保持しなければならない」（12 条前段）としたとする見方が成立する。人権論の原理に忠実であろうとするならば，まずその歴史的普遍性に対して懐疑の目を向ける必要がある。

　そして，本章の問題関心に照らしてより重要なのが，人権の享有主体としての「人」の概念である。例えば，人権概念の出発点となったフランス人権宣言でいう「人」に子どもは含まれていない。フランス人権宣言を生み出した西洋近代という考え方は，原初的には，家父長制度に基づく「私事」として子育てを捉えていた。その在り方は家族毎に異なることが想定され，子どもを独立した人権享有主体として捉えるという発想はほとんど存在しなかった。それ故，人権の享有主体として子どもが認識されるのは主として 20 世紀以降のことであった点に留意する必要がある。

　それどころか，人権論の原初において，「人」は女性も有色人種をも排除した，極めて限定的な概念であった。オランプ・ド・グージュ（Olympe de Gouges）の女性および女性市民の権利宣言（Déclaration des droits de la femme et de la citoyenne）は，女性という観点からフランス人権宣言やこれに続く 1791 年のフランス憲法が有するこの欺瞞性を追及したものと言える。[8]

　ことはフランス人権宣言に限ったことではない。奴隷制度が存在したアメリカ合衆国でも同様の排除が見られる。人口比例によって割り当てられる下院議員の定数算出にあたって，奴隷の人口の 5 分の 3 を追加するという規定が存在していたし，1789 年に追加された権利の章典（Bill of Rights）は奴隷制度について何ら言及していない。奴隷は明らかに別異の扱いを受けており，同じ人間であ

りながら区別された存在であったと言える。

　フランス人権宣言の登場から230年，当初，女性や子ども，有色人種を含まない形で成立した「人権」，人一般の権利は，徐々にその対象を拡大し，文字通りの人一般の権利となった。しかし，この間，多くの年月，アメリカ合衆国における南北戦争や公民権運動（Civil Rights Movement），女性の権利拡張運動，子どもの権利運動等，多くの人々の努力，犠牲を待たなければならなかったことを見落としてはならないだろう。

　この人権享有主体の歴史的展開に着目するならば，本章の問題関心である子どもについて，人権の享有主体であることは自明のものとまでは言えない。言い換えるならば，子どもの人権享有主体性は後付けされたものであり，少なくとも原初的には子どもの権利主体性が所与の前提となっていた訳ではない。人類の歴史の中で例外とも言い得る「人権という概念」の興隆期，そのまた例外としての「子どもに対する人権享有主体性の拡大」。この"二重の例外"を捨象し，何の前置きも付けずに子どもの人権を普遍的なものとして語ることの是非をどう考えるべきか，これが原理的視点から見た第一の問題提起である。

第3節　"子どもの人権"という矛盾

　次の課題は，"子どもの人権"という言葉の使用法である。日本社会においては，日本国憲法の下，制度化された人権享有の主体としての「人」は拡大され，文字通りの意味で人一般の権利として理解されている。これを前提とした場合，"子どもの人権"という用語そのものが孕む矛盾が浮上してくる。

　第一に，"子どもの人権"の意味内容である。これまで繰り返し指摘してきたように，人権とは，人一般の権利，分かりやすくいえば「人間なら誰でも持っている権利」を意味する。ここに所有格を

表す「子どもの」がつくと，子どもだけが有する人間なら誰でも持っている権利となる。人権を全ての人間が有する権利と定義しつつ，そこに老若男女さまざまな人間の中から「子ども」だけを抽出し，限定を付すことへの疑義である。

　子ども期は全ての人が経験する。この点を強調するならば，子どもの人権という用語は，女性の人権という用語と比較して，人一般の権利と相対的には親和性を有している。しかし，全ての「人」，「人一般」にこそ人権の原理的意義が存在するとしたならば，"子どもの人権" は，語義矛盾とまでは言えないとしても，人権論の歴史が辿ってきた歩みに対する逆行，すなわち人権享有主体としての「人」に限定を付すことに他ならないと言えるだろう。

　この矛盾は何故生じたのか。この問いに対しては，日本社会が "人権" という言葉と真摯に向き合ってこなかった結果という応答が考えられる。人権は，フランス人権宣言以降今日まで，幾多の衝突，葛藤を経て，個人の尊厳と密接不可分の権利として選りすぐられてきたものだけに付与される名称である。その意味においては，人権論の原理に忠実であろうとすればするほど，"人権" という言葉が持つ重みを意識せざるを得ない。

　にもかかわらず，日本社会はその自覚に欠け，単に「重要な権利」であるということを強調するための装飾的な意味合いで「人権」という用語を使用しているのではないか。

　その一例が「いじめやハラスメントは人権侵害である」という言明である。一般的にいじめは，学校であれば児童・生徒間，企業であれば従業員同士で行われる。地域住民の間のいわゆる「村八分」も広い意味でいじめ・ハラスメントの範疇に入ると考えられる。それ故，いじめ防止対策推進法が適用されるか否かにかかわらず，また，学校，企業，地域社会の区別を問わず，「いじめ・ハラスメント」と称される行為は許されるべきではない。この点については誰

もが同意するだろう。

だが，それが人権侵害に該当するか否かは，本来，別次元の話である。原理的側面にこだわるならば，人権は，中間団体を排除し，国家と個人が対峙することが想定される近代国民国家を前提としている。樋口陽一は，この点について，「個人にとってみれば，自分の直接な抑圧者であると同時に，国家というものがもろに自分をつかまえにやってくる場面では，その間に割って入ったかたちで盾となって保護してくれるはずの中間団体というものが，原理的に否定される。言わば裸で，今や権力をすべてその手に持つことになった国家と対峙しなければならないと言う意味で，人権の担い手である個人と，主権の担い手である国家というものは，まさに緊張した関係におかれる」と指摘している[11]。その中にあって，人権には，権力を有する国家の専横から個人を守る「盾」としての機能が期待され，展開されてきたという側面が存在するのである。

この人権の対国家的性格を重視する考え方，言い換えるならば人権論の原初，沿革を重視する考え方の下では，個人と国家の緊張関係の中にこそ人権の存在価値が見出されることになる。それ故，理論上，対等・平等な関係にある私人間，個人と個人の間に人権を持ち出す必要はない。これに忠実な「公私二元論[12][13]」の下では，私人間に人権は効力を有さず，専ら民法等の私法が適用されると考えられることになる。

では，いじめやハラスメントはどうだろうか。いじめやハラスメントは，基本的に私人間の行為である。人権論の原初，沿革，公私二元論に忠実であろうとするならば，いじめやハラスメントが被害者の権利・利益をどれだけ侵害するものであったとしても，国家との関係が描出されない限り，人権侵害には該当しないことになる。

にもかかわらず，いじめやハラスメントを人権侵害とする言説が後を絶たない。その政治的当否は別として，少なくとも人権の原理

的視点からは一定の矛盾を含む用法と言える。子どもに関わる諸権利を論じるにあたって，人権論の原点に立ち返り，単に重要な権利という意味での修飾を排し，樋口の指摘する「人権」という言葉が持つ重みにこだわるべきではないだろうか。

第4節 乳幼児の人権保障

次に，本書の主たるターゲットである"乳幼児"に焦点をあてて考えてみることにしたい。

1 人権の担い手

まず問題とされるべきは，人権の担い手としての「乳幼児」という課題である。

人権という思想は，国家と個人が対峙するという二項対立の図式の下，一定の領域について国家の介入を排除し，個人の自己決定に委ねられるべきとする考え方を出発点としている。この点を指して，長谷部恭男は，「人の生まれながらの権利，つまり人権という観念は，個人が決めるべき事柄に，社会や政府を含めた他者は介入しえないはずだという考え方に支えられている」とする[14]。介入者としての国家に着目し，「国家からの自由」と称される領域である。

ここで注意を払う必要があるのは，自己決定を認めることとその結果の「良し悪し」は連動しないという点である。自己決定に委ねるという人権論の背後には，その結果，仮に決定者が「地獄」に落ちたとしても構わないという，ある種冷徹な価値判断が働いている。「良し悪し」の判定を誰かに委ね，他者に守ってもらうことよりも，自ら決められることにこそより意味がある。人権論の原理にはこの発想が存在し，これが人権という用語の持つ重みとなっている。この観点からは，人権は，自律した極めて「強い個人」をその担い手として想定していると言える。

したがって，「人権を保障することを通じて，子どもの最善の利益を確保する」というフレーズは，自己決定という原理に依拠するならば，子どもの「自己決定権を保障すること＝子どもの最善の利益」という意味を含意することになる[15]。だが，未成熟な存在，完全な自律能力を欠いた子どもに，これを認めてよいのだろうか。

　特に問題となるのは，乳幼児を人権の担い手として想定する場合である。子どもの中でも特に成長発達の初期段階にある乳幼児については，自己決定を行うことがそもそも可能なのかという疑問がある。また，仮に可能であったとしても，結果の如何に関わらずそれを認めてよいのかという疑問も当然生じることになるだろう。

　先に指摘したとおり，人権の歴史を遡ると，原初的には乳幼児を含む子どもは人権の享有主体である「人」から除外されてきた。だが，「人」の概念が拡張された今日，子どもをそこから除外することはあり得ない。ただ，成長発達段階を考慮すると，子どもについては，人権の本質とされる「自己決定」に制約が課される。人権論の原理的視点からは，人権享有主体としての子どもを巡り，この制約が存在することに留意しなければならない。

　この点については，児童の権利条約（Convention on the Rights of the Child[16]）において既に意識されている。同条約12条1項は，「児童がその児童に影響を及ぼすすべての事項について自由に自己の意見を表明する権利を確保する」とし，子どもに対して意見表明権を認める。しかし，そこは「自己の意見を形成する能力のある児童」という限定が付され，更には「児童の意見は，その児童の年齢及び成熟度に従って相応に考慮される」べきとされている。これら規定から，児童の権利条約は，意見表明権の行使に関して，少なくとも乳幼児の権利行使については消極的な姿勢をとっていると見ることができる。

　ともあれ，「子どもの人権を保障することにより，その最善の利

益を確保する」という場合，そこで目指されているのは専ら「子どもの保護」であり，自己決定とその結果に責任を負うという，「人権の重み」を自覚するという原理的視点に立ったものではないことが分かる。ここで言う「子どもの人権を保障する」の意味は，前節で指摘したとおり，やはり修飾語として「重要な」と同義で使用されていると見るべきであろう。

2　保護者とパレンス・パトリエの競合

　「人権を保障することを通じて，子どもの最善の利益を確保する」という発想は，人権の原理の一つ，自己決定という観点からは通用しない。だとするならば，子ども，特に乳幼児に対しては，人権を制約し，誰かがその「代弁者」，「擁護者」にならなければならない。それに相応しい存在は誰なのか。言い換えるならば，「子どもの最善の利益」を誰に決定させるべきなのかという「問い」が成立する[17]。

　多くの場合，最初に思い浮かぶのは，親に代表される「保護者[18]」であろう。周知のように，人権思想が成立した当時から，子どもに関わる意思決定に対する親（特に父親）の権利は広く認められてきた。例えば，アメリカ合衆国では，宗主国であったイギリスのコモンローの下，親は，子どもに対して，法的な義務である扶養・保護の義務と並んで，道徳上の義務として教育の義務を負うと考えられており，親は，この義務を有効に履行する手段として，子どもに対する全面的な監督及び矯正の権限，包括的な統制権を与えられていると考えられていた[19]。

　だが，産業社会化の進展は，伝統的な家族制度を崩壊させる。この状況の下，一部の親は，自己の子どもに対して十分な保護や矯正権を行使することが困難となっていく。そこで，親に代わって，国家が乗り出すことが強く期待され始めた。やがてこの介入は，「啓

発されたすべての政府の義務であり，……こういった義務の遂行は最も重要な政府の役割の一つとして正当に扱われなければならず，すべての憲法上の制限はこの権限のふさわしく正当な行使に対する妨害にならないように理解されなければならない[20]」と理解されるようになる。国親（パレンス・パトリエ（parens patriae））論の台頭である。

そして，パレンス・パトリエの考え方がもっとも強く反映された分野の一つが教育であり，義務教育制度の確立であった[21]。アメリカ合衆国におけるパレンス・パトリエ論は，例外的にしか免除を認めない義務教育制度の確立を通じ，特定の者に対してのみ補完的に機能するというその歴史的理解を越え[22]，子どもの「一般的福祉を向上するという州の権限を教育分野において具体化する理論として展開を始めたということができる[23]」。

もちろん保護者とパレンス・パトリエの関係は，二者択一的なものではない。ただ，「親の伝統的権威と家庭の教育機能の衰退にともなって，かえって「国親」（parens patriae）の親代わりの役割が社会的に期待されるという文脈があり，日本社会では，近代的家族の自律の風土がとぼしいだけに，法的解釈をせまられる事例がふえている[24]」ことは疑いない。

現在，そのトップランナー的存在となっているのが「体罰」問題への対応と言ってよい。体罰については，それが教育のプロセスで行われる場合も，養護のプロセスで行われる場合も，論者によって賛否が分かれる問題である[25]。アメリカ合衆国のように最高裁判所が学校教育における体罰を正面から肯定する国家が存在する一方[26]，家庭における親の体罰にすら厳しい態度で臨む国家も存在している。

周知のように，日本の場合，従来，体罰問題は，小中高等学校を中心とする学校現場の課題として専ら注目を集めてきた[27]。だが，近年，学校現場のみならず，保護者による体罰も問題視されるように

なっている。学校教育法は,「校長及び教員は, 教育上必要がある
と認めるときは, 文部科学大臣の定めるところにより, 児童, 生徒
及び学生に懲戒を加えることができる。ただし, 体罰を加えること
はできない」と規定し, 明文で体罰を禁止している (11条)。し
かし, 親権について定める民法は, 820条で「親権を行う者は,
子の利益のために子の監護及び教育をする権利を有し, 義務を負
う」とした上で, 822条で「親権を行う者は, 820条の規定によ
る監護及び教育に必要な範囲内でその子を懲戒することができる」
とする。そこには, 学校教育法のように体罰を禁止する明文規定を
置いていない。

この欠落は,「親は子どもに愛情を注ぎ, その幸せを第一に考え
るはず」というある種の牧歌的発想に由来すると考えられる。言い
換えるならば, 子どもの擁護者として, 保護者をより信頼した結果
と言ってよいだろう。しかし, この考え方が揺らぎ始めている。
2019 (令和元) 年6月, 従来, 親の体罰禁止規定を有していなか
った児童虐待の防止等に関する法律 (児童虐待防止法) が改正され,
「児童の親権を行う者は, 児童のしつけに際して, 体罰を加えるこ
とその他民法 (明治29年法律第89号) 820条の規定による監護
及び教育に必要な範囲を超える行為により当該児童を懲戒してはな
らず, 当該児童の親権の適切な行使に配慮しなければならない」と
する規定が新設された (14条1項)。親の権限に対して, パレン
ス・パトリエ的な介入が実施され, 一定の制限を加えたものとも見
ることが可能である。

ただ, 教育分野に対しては, 基本的に保護者優先の原則が妥当す
る。2006 (平成18) 年に改正された教育基本法は,「父母その他
の保護者は, 子の教育について第一義的責任を有する」(10条1
項) とした。そして,「国及び地方公共団体は, 家庭教育の自主性
を尊重しつつ, 保護者に対する学習の機会及び情報の提供その他の

家庭教育を支援するために必要な施策を講ずるよう努めなければならない」（10条2項）としている。保護者の権限を正面に打ち出し，国，地方公共団体の役割をサポート（支援）としたものと理解できるだろう。

　ともあれ，体罰論議の状況を見る限り，「子どもの人権を保障することにより，その最善の利益を確保する」というフレーズは，子どもの自己決定という観点とは隔絶しており，歴史が有する重みに力点を置く原理的な意味での人権の貫徹を真剣に主張するものとは思えない。子どもに対する人権の制約を前提に，誰がその決定権を握るのか，この点を巡る対立の構図として，再定置すべきではないか。

おわりに―見えてきた課題

　本章では，幼児教育，保育のみならず，教育制度学を含む子どもに関わる学問分野一般の“公理”として機能する，「子どもの人権」とそれが目指す「子どもの最善の利益」という用語について，人権論，特に“思想としての人権”の原理的視点から批判的検討を加えてきた。その結果明らかになったことは以下の点である。

　まず人権という概念自体が必ずしも普遍性を有するものではなく，ある種の例外的事象ではないかという点である。この観点からは，そもそも論として，制度設計等の議論にあたって，人権に依拠した正当化の限界という点を自覚する必要があろう。

　第二に，「子どもの人権」という用語が孕む矛盾，すなわち，原理的視点に見る「人」からの子どもの排除と，人一般の権利に「子どものみが有する」と限定を付すことの矛盾である。前者については人権論の歴史的展開の中で，一見すると克服された課題に映る。しかし，後者の観点からはある種の逆行と捉えられなくもない。この“二重の矛盾”をどう調整するのかが残された課題と言える。本

章では，紙幅の関係もあり，とりあえず，「子どもの人権」という
用語が持つ"装飾性"を強調し，「子どもの人権」という用語から
脱却することの必要性を指摘することに止めた。この"二重の矛
盾"の調整については今後の研究を待ちたいと思う。

　最後に，人権論が有する自己決定と子ども，特に乳幼児の発達段
階との衝突可能性である。本章では，乳幼児が人権の享有主体であ
ることを前提に，保護者とパレンス・パトリエの競合と調整という
課題を指摘した。この点に関しては，「人権を保障することを通じ
て，子どもの最善の利益を確保する」というフレーズが，この課題
を覆い隠すベールとして機能しているのではないかと考えられる。

【註】

1　例えば，保育所保育指針（平成 29 年厚生労働省告示第 117 号）は，保育
　　所の社会的責任の一つとして，「保育所は，子どもの人権に十分配慮すると
　　ともに，子ども一人一人の人格を尊重して保育を行わなければならない」と
　　する。

2　ここでいう乳幼児とは，子ども・若者育成支援推進法に基づく子供・若者
　　育成支援推進大綱にしたがって，「義務教育年齢に達するまでの者」とする。

3　人権（human rights）と類似した用語として，基本的人権（fundamental
　　human rights，basic human rights），基本権（fundamental rights，
　　basic rights）等がある。本章では，これら用語の総称として人権という言
　　葉を用いる。

4　人権という用語は論者によって多義的に用いられる。その意味づけについ
　　ては，樋口陽一（1996）『一語の事典　人権』三省堂を参照。

5　石川健治（2007）「人権享有主体論の再構成−権利・身分・平等の法ドグ
　　マーティク」『法学教室』320 号，p63。本章では紙幅の関係で割愛したが，
　　石川は，G. イエリネックの議論を基礎に，「身分の構造転換」について多層
　　的により詳細な分析を行っている。

6　憲法学においては，制度化され，憲法に記載された諸権利を「人権カタロ
　　グ」と呼ぶことがある。日本国憲法の場合，第三章の諸権利がこれに当たる。

7 「特殊に基本的人権についてみるならば，わが国の学界では，法の叙述の
なかで前近代と近代を区別し，市民革命に転機としての意味をあたえること
自体は，いちおうの意味ではかなり一般化している」とされる。樋口陽一
(1992)『何を読み取るか　憲法と歴史』東京大学出版会，p130。

8　この点については，とりあえず，オリヴィエ・ブラン（辻村みよ子監訳）
(2010)『オランプ・ドゥ・グージュ―フランス革命と女性の権利宣言』信
山社を参照。

9　例えば，マクリーン事件最高裁判所判決は，「憲法第三章の諸規定による
基本的人権の保障は，権利の性質上日本国民のみをその対象としていると解
されるものを除き，わが国に在留する外国人に対しても等しく及ぶものと解
すべきであり，政治活動の自由についても，わが国の政治的意思決定又はそ
の実施に影響を及ぼす活動等外国人の地位にかんがみこれを認めることが相
当でないと解されるものを除き，その保障が及ぶものと解するのが，相当で
ある」とし，外国人に対し日本国憲法が保障する権利の享有可能性を肯定し
た（最高裁判所大法廷判決昭和53年10月4日）。これは，日本国憲法第三
章が「国民の権利及び義務」という章題を採用しているものの，そこで保障
される権利の内実が「人一般の権利」という人権論の基本原理を反映したも
のであるという考え方に根ざした解釈と見ることができる。

10　例えば，いじめに関して，日本弁護士連合会ほか（1995)『いじめ問題
ハンドブック―学校に子どもの人権を』こうち書房等。

11　樋口陽一（1992)『もういちど憲法を読む』岩波書店，p66。

12　国家と市民の間を規定する法（公法）と市民同士の関係を規定する法（私
法）を峻別しようとする考え方をいう。

13　公私二元論の展開については，差しあたり，中山道子（2000)『近代個
人主義と憲法学―公私二元論の限界』東京大学出版会を参照。

14　長谷部恭男（1996)『憲法』新世社，p10。

15　このフレーズを用いる論者にその「覚悟」があるかは多分に疑わしい。

16　児童の権利条約は，1989（平成元）年11月に国連総会において採択さ
れた。日本は1994（平成6）年に批准している。

17　「最善」は，それを決定する者の主観によって左右される。"思想として
の人権"が"制度化"される過程でその内容の取捨選択がなされたように，

誰を選ぶかによって，「最善の利益」を巡る対立，衝突が生じる可能性を意識する必要がある。

18　ここでいう保護者については，差しあたり，民法が規定する親権者（818条）と未成年者後見人（838条，839条）とする。

19　See,e.g.,1 Blackstone,*Commentaries* 453;Dawsons of Pall Mall,A Reprint of the First Edition with Supplement 441（1966）.

20　County of Mclean v.Humphrey,104 Ill.378（1882）.

21　坂田仰（1993）「公立学校における生徒の自由と生徒規則－アメリカにおける裁判例の検討－」『本郷法政紀要』第1号，p159。

22　米沢広一（1992）『子ども・家族・憲法』大阪市立大学出版会，p29，注1参照。

23　坂田仰，前掲註21，p159。

24　樋口陽一（1992）『憲法』創文社，p172。

25　その意味において，「子どもの最善の利益」は価値的意味に満ちている。

26　Ingraham v. Wright, 430 U.S. 651（1977）.

27　ここでいう学校現場は，小中高等学校のみならず，幼稚園，保育所を含んでいる。文部科学省，厚生労働省は，小中高等学校とは異なり，幼稚園，保育所における体罰に関する調査を継続的に行っていないという。しかし，幼稚園，保育所における体罰，あるいはその類似行為が紛争となり，顕在化した事案は多数存在する。

28　同様の構図は，いじめ防止対策推進法においても見られる。「保護者は，子の教育について第一義的責任を有するものであって，その保護する児童等がいじめを行うことのないよう，当該児童等に対し，規範意識を養うための指導その他の必要な指導を行うよう努めるものとする」とした，9条1項である。

現代日本の幼児教育・保育制度改革の展望
—条件整備論を中心に—

藤井 穂高 (筑波大学)

はじめに

　教育の制度とは，教育を枠づけるものである。具体的には，たとえば，市町村の学校設置義務，学校設置基準，学習指導要領や教科書の使用義務などが挙げられる。そして，何のために枠づけるのかと問われれば，子どもたちの学習環境を一定以上の条件に保つため，あるいは，子どもの教育を受ける権利を保障するため，と答えることができる。

　終章にあたる本章では，幼児教育・保育制度のうち，アクセス制度に焦点を当てたい。というのも，子どもが学校に通いたいと思っても近所に学校がなければ，通うことができない。つまり，アクセスを保障することが，子どもの教育を受ける権利の保障の第一歩となるからである。また，検討に際しては，学校制度条件整備論を参照したい。

　学校制度条件整備論が唱える「学校制度整備義務」は「教育という現物給付によって子どもの人間としての成長発達に必要なものを充足すべきことを政府に義務づけるもの」であり，学校体系を整備する義務，学校に関する基準の設定を行う義務，そして，学校を設置・運営する義務から構成される（世取山他 2012：4-5）。高橋（2019）によれば，学校制度法定主義とは，教育の一定水準確保を，教育内容の統一性によってではなく，教育「制度」の法定によって

確保するという考え方であり，その意義は，子どもの教育を受ける権利を保障するための全国的な一定水準の確保という点にある（高橋2019：210）。

こうした学校制度条件整備論については，その検討対象が初等中等教育に限定されており，「就学前教育と高等教育がほとんど取り上げられていない」という批判がある（村上2013：302）。たしかに世取山他の同書はその通りなのではあるが，翻って，幼児教育・保育と初等・中等教育を同じ土俵で論じることができるのかという疑問も生じる。それほど条件整備の現状は異なるのではないか。ここでは，同書の条件整備論の対象である初等中等教育のうち，幼児教育・保育が接続する小学校を参照基準とすることで，それとの距離から幼児教育・保育の条件整備の課題を明らかにするという方法を取りたい。

第1節　学校設置義務・保育実施義務に関する問題

小学校の場合，親の就学義務，学齢使用者の避止義務などとともに，市町村の学校設置義務も学校教育法に明記されている。こうした幾重もの義務を課すことにより，子どもの学校へのアクセスが保障されている。一方，幼稚園に関してはそうした義務は一切ない。

一般に，小学校は義務教育であり，就学義務が課されている関係で，市町村に設置義務があると解されているようであるが，たとえば，フランスなどでは，幼児の通う保育学校は義務教育ではないものの，「契約設置義務」という形で，国と市町村の契約により，国から市町村に予算が支出される一方で，市町村は保育学校を設置する義務を負う仕組みもある。

5歳の幼児が幼稚園に通いたいと思っても，物理的に幼稚園が存在しなければ通いようがない。その場合，「幼児の教育を受ける権利」は保障されているといえるのだろうか。

一方，保育所については，児童福祉法により「市町村の保育実施義務」が定められている。従来，児童福祉法の規定は，「市町村長は，保護者の労働又は疾病等の事由により，その監護する乳児又は幼児の保育に欠けるところがあると認めるときは，その乳児又は幼児を保育所に入所させて保育しなければならない」（24条）とされており，文字通り「保育しなければならない」ものであった。現行法においても同様の規定が維持されているが，にもかかわらず，待機児童問題に表れているように，その義務は実現されていない。

　その理由の１つに，従来の規定には「やむを得ない事由があるときは，その他の適切な保護を加えなければならない」という但し書きの存在がある。この規定により，実質的には市町村の保育実施義務の不履行が容認されてきた。ここに第１の問題があり，後述の通り，「無認可」あるいは「認可外」保育という問題を生じさせることになる。

第2節　設置者に関する問題

　教育基本法によると，法律に定める学校は，「公の性質を有するものであって，国，地方公共団体及び法律に定める法人のみが，これを設置することができる」と定めている（6条１項）。この規定を具体化したものが学校教育法（2条）であり，学校は，国，地方公共団体及び学校法人「のみ」が設置することができると定めている。「法律に定める法人」が「学校法人」のみであるとする趣旨は，公教育を担う学校の設置主体に，内部組織の強化と学校経営に必要な資産の保有，解散時の手続きを求め，公共的で，安定的，継続的な学校運営を担保するためであると説明される（鈴木 2016：31）

　ところが，「法律に定める学校」のうち，私立幼稚園のみについては，特例が設けられている。「私立の幼稚園は，第2条第１項の規定にかかわらず，当分の間，学校法人によって設置されることを

要しない。」とする規定がそれである（学校教育法附則6条）。学校基本調査（令和元年度）によると，幼稚園の設置者別の数は次の通りである。公立，学校法人立のほかに，宗教法人立や個人立が相当数存在することがわかる。

表1　幼稚園の設置者別数（令和元年度）

設置者	国立	公立	学校法人立	財団法人立	宗教法人立	その他の法人立	個人立
数	49	3483	5924	3	302	2	307

出典：文部科学省「学校基本調査」（令和元年度）

　同条文はこれまで長きにわたって「私立の盲学校，聾学校，養護学校及び幼稚園」という規定であった。こうした規定があるのは，これらの学校が比較的小規模であり，質的な充実よりは量的な普及が期待されるという理由によるものと説明される。ところが，このうち私立の「盲学校，聾学校，養護学校」が存在しなくなったことから，平成18年に上記の通り改正され，「私立の幼稚園」にのみ特例が残った形になったものである（鈴木2016：1180-1181）。

　保育所の設置については，株式会社立という問題がある。義務教育の場合，株式会社の参入については批判が大きかったことから，結果として，株式会社立学校は2校にとどまっている。幼保の制度的一元化を目指した「総合こども園」法案の審議においても，学校としての機能を持つ同園に株式会社が参入することに強い反対があり，廃案となった経緯もある（池本2013：58）。ところが，保育所については，次の表の通り，相当数の「営利企業」が参入している。

表2　保育所の経営主体・設置主体別数

主体	公営	社会福祉法人	医療法人	公益法人	営利法人	その他の法人	その他
数	7599	12154	15	49	2021	876	108

出典：厚生労働省「社会福祉施設調査」（平成30年10月1日）

　保育所についても，従来は，その設置主体は市町村と社会福祉法

人に限定されていた。しかし，2000年の厚生省の通知「保育所の設置認可等について」により，保育所の設置主体制限が撤廃され，学校法人，NPOとともに株式会社も認可保育所を設置することができるようになった。その後，株式会社の参入を認めない自治体も少なくなかったことから，2012年には，保育所設置の申請があった場合には原則として認可することを求める子ども・子育て関連3法の成立により，一層その推進が図られている。

　株式会社の参入については，そのメリットとして，「より効率的な経営」や「利用者のニーズに合ったサービスの提供」が挙げられるが，その背景には明らかに待機児童問題がある。幼稚園の設置主体の特例は，学校教育法が定められた当時の状況を反映したものであるが，「質的な充実よりは量的な普及」との理由は，現在の保育所にそのまま当てはまるようにも見える。なお，株式会社立でも認可保育所の場合は，社会福祉法人の設置認可と同じ基準を満たす必要があり，「認可外」とは異なることは言うまでもない。

　設置主体に係る問題は，こうした株式会社立以外の問題も含んでいる。池本（2013）によれば，多くの国では，待機児童解消策の一つとして，親たちが自ら保育士を雇用して保育所を運営する方式が活用されており，こうした保育所では，親が保育サービスの消費者ではなく，共同生産者となることから，親の意向を反映した運営がなされ，親の満足度も高い（池本 2013：57）。こうした取り組みは，もちろんわが国の少なからぬ認可外施設にも該当するものであり，一概に問題視されるべきものではなく，保育形態の可能性をも示している。

第3節　設置基準の問題

　学校を設置しようとする者は，学校の種類に応じ，文部科学大臣の定める設置基準に従い，これを設置しなければならない（学校教

育法3条)。小学校については小学校設置基準が，幼稚園について
は幼稚園設置基準が定められている。

　幼稚園設置基準に関する先行研究はあまり多くないものの，その
1つである神長 (2016) は，小学校等の設置基準と比較して，幼
稚園のそれには「原則とする」，「努めなければならない」という表
現がみられることを指摘する。たしかに，たとえば小学校の設置基
準では，「校舎には，少なくとも次に掲げる施設を備えるものとす
る」(9条) と規定されているのに対し，幼稚園の設置基準では「幼
稚園には，次の施設及び設備を備えるように努めなければならな
い」(11条) と努力義務の形で定められている。

　神長は，「幼稚園は，小学校や中学校の義務教育の下での設置の
実情とは異なり，この基準は，設置に必要な最低の基準としながら
も，幅をもって設定されていることがわかる」と述べ (神長 2016
: 192)，この「幅」の評価は控えているものの，幼稚園の設置基
準が「幼稚園を設置するのに必要な最低の基準を示すもの」(2条)
である限り，幅があること自体，肯定的に評価することは難しいの
ではないか。

　一方，保育所の基準については，非常に複雑な問題をはらんでい
る。逆井 (2016) により問題が整理されているため，同論文に依
ってその問題点を挙げておきたい。

　まず，幼稚園の場合は，上記の通り，国の定める「幼稚園設置基
準」がある。それに対し，保育所については，従来，国の定める
「保育所最低基準」があった。ところが，2011年の地域主権改革
一括法により，保育所の最低基準は地方条例化されることになる。
具体的には，厚生労働省令として示される保育所の設備及び運営に
関する基準により，その施設設備や人員配置などの条件，運営の基
準が示され，同基準をもとに，都道府県・政令市・中核市が条例と
して基準を定めている。こうした改革により，「国としての最低基

準は消滅した」とも評される（逆井 2016：161）。

　さらに1990年代の労働政策，すなわち女性労働力の活用の大きな政策動向の中で，保育サービスの量的拡大と多様化が進み，「規制緩和」の名の下に，次々と大きな改革が断行された。具体的には，①認可保育所の設置経営主体の規制緩和による営利企業参入の容認（2000年），②規制緩和による定員超過入所措置の実施（1998 ～ 2001年），③短時間勤務保育士の導入容認と容認枠拡大，④給食調理の外部委託容認（1998年）などである（逆井 2016：157）。

　このように，保育所の設置基準については，学校教育の枠内にある幼稚園とは異なり，規制緩和，地方分権の掛け声のもと，「最低基準」が大きく切り崩されている。

第4節　「認可外」という問題

　さらに，保育所の場合は，「認可外」という大きな問題も抱えている。

　小学校の場合，私立学校については都道府県が認可することとなっており，株式会社立の学校であっても，認定する地方公共団体が当該自治体に第三者機関を設け認可を行うこととされている。したがって小学校には「認可外」という問題は生じない。幼稚園についても同様である。しかし保育の領域では，「認可外」（従来は「無認可」と呼ばれていた）の組織が，少なからず存在する。

　「無認可」保育施設は，当然ながら，認可保育所と同じ歴史を有している。かつてから季節保育所，へき地保育所，昼間里親などの仕組みがあり，高度経済成長期以降は，ベビーホテルも乳児保育の受け皿として普及し，さらに長時間保育のニーズに対応してきたのも認可外保育施設であった。大都市部では特に待機児童問題の深刻化に伴い，横浜市の横浜保育室や東京都の認証保育所など，地方自

治体が独自に「認証」する仕組みが生まれ，「認可外」であるにもかかわらず，その普及が自治体によって積極的に推進される。

　「無認可」「認可外」の保育施設についても「指導基準」は設けられている。これはいわゆるベビーホテル問題（死亡事故の多発）への対応であり，1981年に最低基準に準じた指導基準が設定され，2001年から「認可外保育施設指導監督基準」に改められた。いずれにしても「最低の基準」のはずがさらにそれを緩和することとなる。

　そうした政策的動向の中で，2012年に成立した関連3法による「子ども・子育て支援新制度」により，「地域型給付」として，家庭的保育事業，小規模保育，事業所内保育，居宅訪問型保育が保育を提供する事業として認められるとともに，そのための「家庭的保育事業等の設備及び運営に関する基準」が設けられ，各市町村がこの基準を踏まえ独自で定める条例により認可のための基準を定めることとなった。

　厚生労働省の取りまとめによると，認可外保育施設の数とその児童数は次の通りである。なお，この表の「認可外保育施設」とは児童福祉法に基づく認可を受けていない保育施設のことで，「認証保育所」などの地方単独保育事業の施設も対象に含まれる。

表3　認可外保育施設数

区分	ベビーホテル	事業所内保育施設	認可外の 居宅訪問型保育事業	その他の 認可外保育施設	計
施設数	1261	3402	3250	4114	12027
児童数	18835	45789	4748	103788	173160

出典：厚生労働省（2020：1, 3）より筆者作成

　条件整備論が，子どもの教育を受ける権利を保障するための全国的な一定水準の確保を目指すものである限り，こうした「認可外」の存在は，大きな問題である。しかしその一方で，先にも見たように，親たちが共同で開設する保育施設の場合ももちろん設置基準に

達しないため「無認可」となるが，そうした切実な取り組みを一概
に否定することも憚られる。

第5節　保育者の無資格問題

　保育職のブラック化については各方面で論じられているところで
あるが（たとえば，清水2018），ここでは，保育者の資格の問題
に絞りたい。教員の面では，もちろん幼稚園も含む学校教育におい
て非正規雇用の増加は問題となっているが，「無資格」は問題にな
っていない。ところが保育施設では保育士の資格を有しない職員の
雇用が正式に認められている。

　「子ども・子育て支援新制度」に位置づけられた「地域型給付」
の事業別職員基準は次のとおりである。

表4　地域型給付の事業別職員基準

事業の種類	職員の資格
小規模保育事業（A型）	保育士
小規模保育事業（B型）	1/2以上が保育士
小規模保育事業（C型）	家庭的保育者
家庭的保育事業	家庭的保育者
事業所内保育事業	定員20名以上は保育所の基準と同様 定員19名以下は小規模保育事業A型，B型の基準と同様
居宅訪問型	必要な研修を修了し，保育士，保育士と同等以上の知識及び経験を有すると市町村長が認める者

出典：内閣府・文部科学省・厚生労働省 2015：12 より筆者作成

　表にあるA型とは保育所分園，ミニ保育所に近い類型，C型は
家庭的保育（グループ型小規模保育）に近い類型で，B型はその中
間の型である。このうち，小規模保育事業（A型）と定員20名以
上の事業所内保育事業を除く各事業では，「保育士」の資格を持た
ない者もその職を担うことができる。「家庭的保育者」とは，「市町
村長が行う研修（市町村長が指定する都道府県知事その他の機関が
行う研修を含む。）を修了した者」である。

　資格はその職の専門性の証であり，「保育は人なり」と言われる

ように，保育の質は保育者によって規定される。そうした意味で，「無資格」は保育制度の大きな問題である。

第6節　幼児教育・保育制度の対象に関する問題

最後になるが，最も厄介な問題として，幼児教育・保育の制度はどの範囲か，という問題がある。小学校の場合，学校とそれ以外の，たとえば，学習塾やフリースクールとの識別は容易である。一方，幼児教育・保育制度の場合，たとえば，網野武博（2016）によれば，「保育の態様」は次の表の通り多様である。

表5　保育の態様

	家庭内保育	家庭外保育
個別的	在宅・訪問保育，<u>居宅訪問型保育</u>（ベビーシッター etc.）	家庭的保育（家庭福祉員 etc.） 家庭保育室
集団的	この分野は，制度に含まれておらず，パーソナルな共助として営まれている。	保育園 幼稚園 認定こども園 小規模保育施設 認可外保育施設

出典：網野武博 2016：280

表の中の枠内の部分は「公助」として今日の国の保育制度として最も普及しているものを，下線の部分は，「制度的に徐々に新たな公助として，また共助として考慮されてきているもの」と説明されている（網野 2016：279）。

小学校教育は全国一律の態様であるのに対し，保育には様々な態様がある。このうち，子どもの教育を受ける機会の保障としてどれが適切なのか，それ自体が問題となる。端的に言って，保育ママさんは制度なのか。それが制度だとすると家庭のお母さんも制度なのか。そうなると幼児教育・保育制度を論じる意義はどこにあるのか。といった問いが生じるおそれもある。

おわりに——「幼児の教育を受ける権利」の
　　保障に向けて

　本章では，学校制度条件整備論に学び，小学校との比較を通して，保育所・幼稚園の条件整備の現状と問題点を検討してきた。比較から明らかなように，保育所・幼稚園の現状は小学校等と同様に論じるにはあまりにも差があり，両者を同じ土俵で扱うことも困難である。それは，1つには，規制緩和に伴い保育施設の「一定水準」があまりにも痛めつけられていることによるが，もう1つには，幼児教育・保育の段階に内在する家庭との近さによるものでもある。

　教育基本法には「幼児期の教育」に関する規定があるが，「幼児期の教育は，生涯にわたる人格形成の基礎を培う重要なものであることにかんがみ，国及び地方公共団体は，幼児の健やかな成長に資する良好な環境の整備その他の適当な方法によって，その振興に努めなければならない」と定められている。つまり，幼児期の教育が「人格形成の基礎を培う重要なもの」であると認めつつも，その教育を保障するのは幼稚園や保育所に限定されるものではなく，「幼児の健やかな成長に資する良好な環境の整備その他の適当な方法」によるものであるとしている。保育所・幼稚園のような「公式の」施設以外にも，保護者の共同開設のような形態もあり，それが一概に望ましくないとは言えない点に，この段階の教育制度論の難しさがある。

　しかし，それでも，仮に小学校の条件整備が一定程度整っているとして，保育所・幼稚園の条件整備もそれと同等なものに持っていくことが望ましいと判断する場合，そのためにはどのような論理があるのだろうか。

　1つには，世界を席巻しているハックマンらの教育経済学の知見に基礎を置く論理が考えられる。「幼児教育の経済学」やOECDの

Starting Strong の一連の報告書に認められる，幼児教育の効果を重視した議論，すなわち，のちの子どもたちの学力や社会的地位に幼児教育が効果的であるという議論をもとに，そのための条件整備につなげる論理である。

　こうした将来のスキルのための幼児教育は「発達的アプローチ」と呼ばれるのに対し，もう１つの論理が「子どもの権利アプローチ」である。このアプローチは，子どもの将来ではなく「いまここで」の幸せな生活に焦点を当てたものである。前者がwell-becoming を意図しているとすると，後者は well-being（わが国ではしばしば「幸福」と訳される）を意図しているともいえる（OECD, How's Life 2015）。「子どもの権利アプローチ」は幼児教育・保育の理念とも親和的であり，教育学の理論として鍛えていくことが条件整備論につながる道もあるように思われる。

【参考文献一覧】

秋田喜代美監修（2016）『あらゆる学問は保育につながる　発達保育実践政策学の挑戦』東京大学出版会

網野武博（2016）「保育制度の変化と保育政策」，日本保育学会編『保育学とは―問いと成り立ち』（保育学講座１），東京大学出版会，279 〜 298 頁

池本美香（2013）「幼児教育・保育分野への株式会社参入を考える―諸外国の動向をふまえて―」『JRI レビュー』4 (5)，54 〜 87 頁

加藤繁美（2004）『子どもへの責任』ひとなる書房

神長美津子（2016）「幼稚園設置基準と幼稚園運営」，日本保育学会編『保育を支えるしくみ―制度と行政』（保育学講座２），東京大学出版会，177 〜 198 頁

清水俊朗（2018）「市場化が進む保育施策と保育労働の実態」社会政策学会誌『社会政策』9 (3)，29-43 頁

鈴木勲編著（2016）『逐条　学校教育法（第８次改訂版）』学陽書房

高橋哲（2019）「教育法学　「防御の教育法学」から「攻めの教育法学」へ」

　　下司晶他編『教育研究の新章』（教育学年報11）世織書房，199 ～ 221 頁

逆井直紀（2016）「保育所最低基準と規制緩和政策」，日本保育学会編『保育
　　を支えるしくみ―制度と行政』（保育学講座2），東京大学出版会，147 ～
　　176 頁

内閣府・文部科学省・厚生労働省（2015）「子ども・子育て支援新制度ハン
　　ドブック　施設・事業者向け」平成 27 年 7 月改定版

福川須美（2016）「認可外保育施設の運営をめぐって」，日本保育学会編『保
　　育を支えるしくみ―制度と行政』（保育学講座2），東京大学出版会，281
　　～ 310 頁

村上祐一（2013）「世取山洋介・福祉国家構想研究会編『公教育の無償性を
　　実現する―教育財政法の再構築』（大月書店，2012 年）」『東京大学大学院
　　教育学研究科教育行政学論叢』第 33 号，299 ～ 304 頁

世取山洋介・福祉国家構想研究会編著（2012）『公教育の無償性を実現する
　　―教育財政法の再構築』大月書店

OECD（2015），*How's Life 2015*.

【執筆者一覧】

◆編著者◆

秋川	陽一	関西福祉大学・教授（序章，第8章）
藤井	穂高	筑波大学・教授（第3章，終章）
坂田	仰	日本女子大学・教授（第1章，第12章）

◆分担執筆者◆

石毛	久美子	松本短期大学・准教授（第4章）
伊藤	良高	熊本学園大学・教授（第7章）
大城	愛子	畿央大学・准教授（第11章）
木戸	啓子	倉敷市立短期大学・教授（第9章）
黒川	雅子	淑徳大学・教授（第5章）
梨子	千代美	元旭川大学女子短期大学部・講師（第2章）
松島	のり子	お茶の水女子大学・助教（第6章）
矢藤	誠慈郎	和洋女子大学・教授（第10章）

幼児教育・保育制度改革の展望
―教育制度研究の立場から―

2020 年 12 月 10 日　　第 1 刷発行

編　者	秋川陽一／藤井穂高／坂田仰
発行者	福山 孝弘
発行所	株式会社 教育開発研究所
	〒 113-0033 東京都文京区本郷 2-15-13
	TEL.03-3815-7041 ／ FAX.03-3816-2488
	URL：https://kyouiku-kaihatu.co.jp
	E-mail：sales@kyouiku-kaihatu.co.jp
印刷・製本	中央精版印刷株式会社

ISBN978-4-86560-530-3 C3037